Go Vista
CITY GUIDE

Rom

von Nikolaus Groß und Roland Mischke

Nikolaus Groß, lebte nach dem Studium der klassischen Archäologie mehrere Jahre in Rom, wo er seit Jahren Studienreisen entwickelt und führt. Neben Veröffentlichungen zu Rom sind von ihm auch mehrere Bücher über andere italienische Reiseziele erschienen.

Roland Mischke, in Chemnitz geboren, studierte in Berlin Evangelische Theologie und Germanistik. Er arbeitete bei verschiedenen Tageszeitungen, unter anderem auch bei der FAZ, und schrieb zwei Sachbücher und mehr als ein Dutzend Reiseführer. Nach 25 Jahren Zwischenstopp in Frankfurt am Main lebt er wieder in Berlin.

www.vistapoint.de

Inhalt

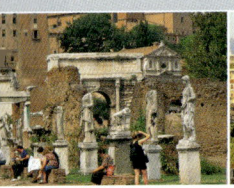

Willkommen in Rom 4

Top 10 & Mein Rom

- **Top 10:** Das sollte man gesehen haben 6
- **Mein Rom:** Lieblingsplätze des Autors 7

Stadttouren — mit Detailkarten

Mittelpunkte städtischen Lebens in der Antike und heute ... 8
Höhepunkte von Kunst und Kultur um den Esquilin 15

Streifzüge

Vatikan – der kleinste irdische Staat 20
Ostia Antica – Roms einstiger Hafen 23
Sommerfrische Tivoli – Villa Adriana und Villa d'Este 25

Vista Points – Sehenswertes

Museen und Galerien 28
Kirchen, Katakomben und Friedhöfe 34
Architektur und andere Sehenswürdigkeiten 40

Erleben & Genießen

Übernachten 48
Essen und Trinken 52
Nightlife 58
Kultur und Unterhaltung 62
Shopping 64

Inhalt · Zeichenerklärung

Mit Kindern in der Stadt	66
Erholung und Sport	68

Chronik

Daten zur Stadtgeschichte	70

Service von A–Z und Sprachführer

Service von A–Z	74
Sprachführer	86
Register	92
Bildnachweis und Impressum	96

Zeichenerklärung

10 Top 10
Das sollte man gesehen haben

Mein Rom
Lieblingsplätze des Autors

Vista Point
Museen, Galerien, Architektur und andere Sehenswürdigkeiten

Kartensymbol: Verweist auf das entsprechende Planquadrat der ausfaltbaren Karte bzw. der Detailpläne im Buch.

Willkommen in Rom

Eine Stadt mit vielen Gesichtern und einer jahrtausendealten Geschichte, die auch beim wiederholten Besuch unbekannte Facetten zu offenbaren weiß.

Beim Schlendern zwischen Tempeln, Thermen und Theatern erwacht das römische Weltreich der Antike. Nach dem Untergang des Weströmischen Reichs und den unruhigen Zeiten der Völkerwanderung erlebte Rom mit dem Erstarken des Papsttums eine zweite Blüte. Gewaltige Renaissance- und Barockpaläste sowie zahllose Kirchen belegen den Baueifer der Kirchenfürsten, farbenfrohe Freskenzyklen und anmutige Skulpturen zeugen von der Lebenslust und Prunksucht der Päpste. Mit der Einigung Italiens im späten 19. Jahrhundert wurde die Tibermetropole Hauptstadt Italiens und änderte ihr Äußeres erneut. Verspieltem Jugendstil folgten faschistische Monumentalbauten, nüchterne Funktionalbauten wichen moderner Architektur.

Blick über die Dächer Roms

Doch eines war Rom bei all diesen unterschiedlichen Facetten sicherlich nie – und ist es auch heute nicht: eine erholsame, ruhige oder entspannende Stadt. Was bei knapp drei Millionen Einwohnern und jährlich rund 20 Millionen Touristen, als Hauptstadt Italiens und Sitz der katholischen Kirche auch an ein Wunder grenzen würde.

Rom ist in keiner Hinsicht nur das eine oder das andere, Rom verkörpert eine unvergleichliche Mischung aus Chaos und Charme, Vergangenheit und Gegenwart, Prunk und Verfall, Reich und Arm. Daraus entsteht das vielfältige Mosaik dieser einzigartigen Stadt.

Nehmen Sie sich Zeit, Rom zu genießen, hasten Sie nicht von einer Sehenswürdigkeit zur nächsten und versuchen Sie nicht, in wenigen Tagen alles zu sehen – weniger ist auch in diesem Fall mehr. Atmen Sie bei einem Glas Wein auf einem der wunderschönen Plätze das römische Leben, empfinden Sie die Stadt mit allen Sinnen und lassen Sie sich von der historisch gewachsenen Metropole faszinieren.

Top 10 & Mein Rom

Top 10: Das sollte man gesehen haben

1 Palatin
S. 9 f., 42 ➡ H8/9
Auf diesem grünen Hügel wurde der Grundstein des römischen Weltreichs gelegt und von hier aus regierten es die Imperatoren.

2 Forum Romanum
S. 10 f., 42 f. ➡ G/H8/9
Einst das Herz der alten Welt, dann jahrhundertelang Kuhweide, nun ein archäologischer Park mit Ruinen aus allen Epochen des römischen Weltzeitalters.

3 Kapitol/Kapitolinische Museen
S. 11 f., 30, 42 ➡ G7/8
Die Platzanlage von Michelangelo mit Roms bedeutendsten Museen und dem Reitermonument Marc Aurels befindet sich auf dem Haupthügel der Ewigen Stadt.

4 Piazza Navona
S. 12, 45 ➡ F6 
Ein Schauplatz bürgerlichen und künstlerischen Lebens seit der Antike rund um eine der schönsten Brunnenanlagen der Stadt.

5 Pantheon
S. 13, 44 ➡ F6
An Sonnentagen schenken die Götter dem Zylinderbau mit der Kuppel flirrende Lichteffekte, seit der Antike bedanken sie sich auf diese Weise für den zu ihren Ehren erbauten Tempel.

6 Trevi-Brunnen
S. 13 f., 41 f. ➡ E8
Leinwandstars haben hier ein Bad genommen, Touristen werfen Münzen ins Wasser, in der Abenddämmerung ist die dem Wasser gewidmete Skulptur illuminiert.

7 Spanische Treppe/ Piazza di Spagna/
S. 14, 44 f. ➡ D7/8
Treppen gibt es viele in Rom, aber keine zweite wie diese. Hier treffen Römer und Zugereiste aufeinander, beginnen Freundschaften und Liebesgeschichten.

8 Kolosseum
S. 18 f., 41 ➡ H9
Ein Ort jahrhundertelanger Grausamkeit – unzählige Tiere und Gladiatoren wurden hier geopfert – aber auch die schönste aller klassischen Arenen.

9 Petersplatz mit Petersdom
S. 20 ff., 34 f. ➧ aC/aD4/5
Eine Kirche für 60 000 Menschen, ein Platz für 200 000 Besucher. Das massive Gotteshaus und der kreisförmig anmutende Platz sind das irdische Zentrum der Christenheit.

10 Vatikanische Museen
S. 22 f., 30 f. ➧ aA/aB3/4
Der größte Kunsthort der Welt ist nicht nur der Historie des Christentums gewidmet, sondern der Weltgeschichte.

Mein Rom
Lieblingsplätze des Autors

Liebe Leser,

das sind einige besondere Orte dieser Stadt, an die ich immer wieder gern zurückkomme. Eine schöne Zeit in Rom wünscht Ihnen

Roland Mischke

Campo de' Fiori
S. 12, 40 ➧ F/G5/6
Roms berühmtester Markt aus der Antike, auf dem Cäsar von Dolchstößen ermordet und Giordano Bruno verbrannt wurde. Bis heute pulsiert auf dem Platz die römische Volksseele.

Antico Caffè Greco
S. 14, 57 ➧ D7
Jeder Rundbogen zwischen den Räumen, jeder Fußbreit Boden ist historisch kontaminiert. Schon Goethe schlürfte hier einen Cappuccino alle Romana, nach ihm viele andere.

Santa Maria Maggiore
S. 16, 39 ➧ F10/11
Am 5. August fiel Schnee, im Flockenwirbel entschied Papst Liberius den Bau der Kirche. Seither wird an jedem 5. August das bizarre Schneewunder-Fest zelebriert.

Villa und Galleria Borghese
S. 32 f. ➧ A–C6–9
Der Villenpark ist ein Kunsthort, aber mehr noch die grüne Lunge Roms. Hier erlebt man die Römer entspannt wie nirgendwo.

Piazza del Popolo
S. 44 ➧ C6
Die Bühne der kleinen Leute und Selbstdarsteller. Nicht mondän wie andere Plätze, sondern klassizistisch sachlich mit ein bisschen Renaissance. Immer viel Popolo, die Gemeinde.

Stadttouren

Mittelpunkte städtischen Lebens in der Antike und heute

Vormittag
Palatin – Forum Romanum – Kapitol – Kapitolinische Museen – Campo de' Fiori.

Mittag
Pierluigi ➜ F5, Piazza de' Ricci 144
✆ 066 86 13 02, www.pierluigi.it, Mo geschl.
Beliebtes Restaurant in altem Renaissancepalazzo nahe dem Palazzo Farnese. Mit Tischen auf der lauschigen Piazzetta.

Nachmittag
Piazza Navona – Pantheon – S. Ignazio – Piazza Colonna – Galleria Alberto Sordi – Fontana di Trevi – Piazza di Spagna.

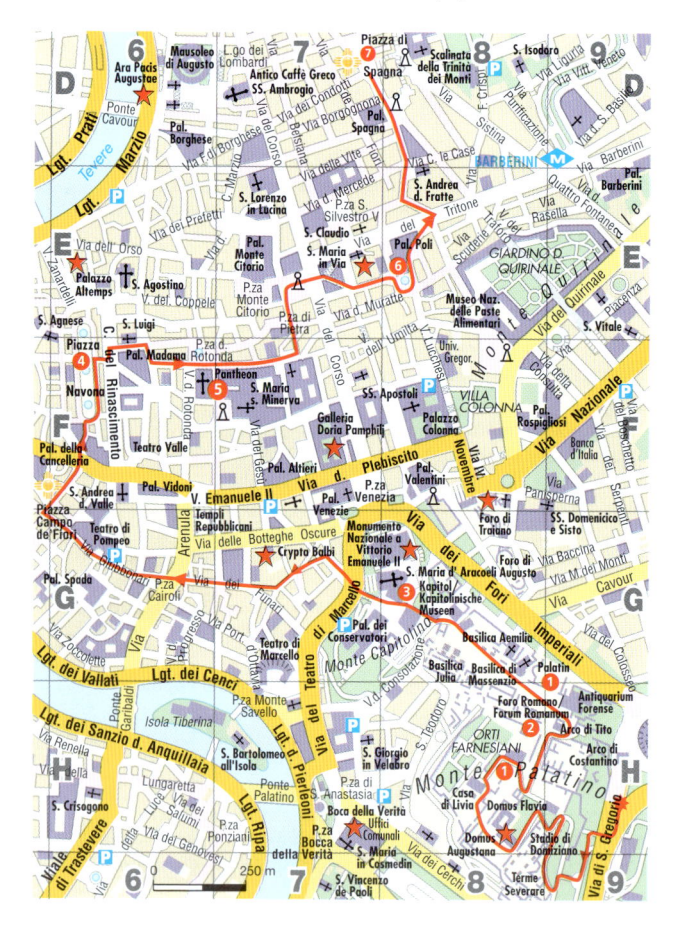

Mittelpunkte städtischen Lebens in der Antike und heute

Über den Eingang an der Via di S. Gregorio betreten wir die archäologische Zone des ❶ **Palatin** ➜ H8/9. Während der römischen Republik befand sich auf dem klassischen Hügel Palatin ein mondänes Wohnviertel. Mit Kaiser Augustus, der dort zur Welt gekommen war, vollzog sich allmählich der Wandel hin zum herrschaftlichen Residenzviertel. So wurde »Palatin« schließlich zum Inbegriff der kaiserlichen Wohn- und Residenzstätte. Die modernen Bezeichnungen wie Palast, Palace, Palazzo, Palais oder Pfalz haben alle ihren Ursprung im Wort Palatino.

Sein heutiges Aussehen prägen die Ausgrabungen der antiken Palaststrukturen und die

Monte Palatino – in republikanischer Zeit herrschaftliches Residenzviertel

Farnesischen Gärten, die Kardinal Alessandro Farnese im 16. Jahrhundert unter anderem durch Vignola in den antiken Ruinen anlegen ließ. Die Ausgrabungen im südlichen Teil des Hügels verweisen auf die frühe Besiedlung Roms (9.–8. Jh. v. Chr.). Eine dieser Strukturen wird als die Hütte des Stadtgründers Romulus gesehen und erfuhr schon in der Antike große Verehrung. Unter Kaiser Augustus wurden schließlich die Casa di Augusto (Haus des Augustus) und die Casa di Livia (Haus der Livia, seiner Frau) mit sehr schönen Freskenmalereien errichtet (beide Häuser sind nicht immer zu besichtigen).

Der Großteil der Ausgrabungen verweist auf die Zeit von Kaiser Domitian (2. Hälfte 1. Jh. n. Chr.) und gliedert sich in den Privatbe-

Statuen auf dem Forum Romanum

reich *(Domus Augustana)*, das *Stadio Palatino* und den repräsentativen Empfangsbereich *(Domus Flavia)*. Letztgenannter war um einen Innenhof mit Brunnen angelegt und besaß neben einem kaiserlichen Speisezimmer mit Fußbodenheizung ein kleines Heiligtum *(Lararium)*, einen Empfangssaal und eine Basilika für die Staatsgeschäfte. Gleich über mehrere Ebenen erstreckte sich die *Domus Augustana*, die in Richtung Circus Maximus orientiert war. Das lang gestreckte *Stadio Palatino* diente wahrscheinlich für Wettkämpfe und Aufführungen zu Ehren des Kaisers, der in einer Loge an der Ostseite den Darbietungen beiwohnen konnte.

Über den *Clivus Palatinus* schlendern wir hinunter auf das ❷ **Forum Romanum** ➔ G/H8/9. Schlicht, aber in überragender Lage auf dem höchsten Punkt des Forum Romanum thront der **Titusbogen**. Kaiser Domitian ließ ihn 81 n. Chr. für die Erfolge seines älteren Bruders Titus in den Judäischen Kriegen errichten. Die Reliefs im Bogendurchgang zeigen, wie im Triumphzug die Beutestücke aus der Eroberung Jerusalems (70 n. Chr.) mitgeführt werden. Deutlich zu erkennen sind der Schaubrottisch und der siebenarmige jüdische Leuchter *(Menorah)*.

Selbst nach 1700 Jahren ragen die Überreste der **Maxentiusbasilika** noch majestätisch in den Himmel. Der unrechtmäßige Herrscher Maxentius ließ den Bau 306 n. Chr. beginnen, der nach seinem Tod bei der Schlacht an der Milvischen Brücke (312 n. Chr.) von seinem Kontrahenten Konstantin vollendet wurde. Die Basilika diente als Gerichts- und Versammlungshalle. In der westlichen Apsis saß Kaiser Konstantin in Form einer monumentalen Statue.

Nördlich der Via Sacra, der heiligen Straße, erhebt sich der **Romulustempel**. Die Namensgebung bezieht sich nicht auf Romulus, den mythischen Stadtgründer, sondern auf den Sohn von Maxentius, der nach seinem frühen Tod zu den Göttern erhoben wurde. Das Bronzeportal ist original aus dem frühen 4. Jahrhundert n. Chr. Original ist auch der Unterbau des **Tempels des Antoninus Pius und der Faustina**, der zu Ehren des Kaisers und seiner Frau auf Senatsbeschluss, wie es auch die Inschrift im Architrav erwähnt, im 2. Jahrhundert n. Chr. gebaut wurde.

Auf der gegenüberliegenden Seite erhob sich der **Rundtempel der Vesta**. Mädchen aus gutem Hause, die bereits im Alter von etwa neun Jahren zu Priesterinnen (Vestalinnen) ausgebildet wurden und auf 30 Jahre der Keuschheit verpflichtet waren, verhinderten im Tempel das Erlöschen des heiligen Herdfeuers. Im Haus der Vestalinnen, *Casa delle Vestali*, wohnten die Priesterinnen abgeschirmt, aber ziemlich luxuriös auf zwei Etagen, teils mit Fußbodenheizung, um einen Innenhof mit den Statuen von herausragenden Vorgängerinnen.

Fast schon ein Wahrzeichen des Forum Romanum sind die drei hoch aufragenden Säulen des **Dioskurentempels**. Bereits im 5. Jahrhundert v. Chr. für die göttlichen Zwillinge Castor und Pollux errichtet, die den Römern bei der Schlacht am See Regillus (499 v. Chr.) beigestanden hatten und persönlich die Kunde vom Sieg nach Rom brachten, erfuhr der Tempel im Lauf der Jahrhunderte zahlreiche Restaurierungen. Der eigentliche Forumsplatz, der zur Versammlung des Volkes diente, wird gefasst von zwei Basiliken und zwei Rednerbühnen.

Die **Basilica Iulia** südlich der Via Sacra verdankt ihren Namen den Umbauten einer älteren Basilika unter Caesar, der aus dem Geschlecht der Iulier stammte. Als Gerichtshalle diente sie dem »Tribunal der Hundertmann« *(Centumvir)* für große Prozesse. Die **Basilica Aemilia** auf der Nordseite des Platzes hat ihren Ursprung im 2. Jahrhundert v. Chr.

Mittelpunkte städtischen Lebens in der Antike und heute

und sicherte als Markthalle den Handel unabhängig von Wind und Wetter. Den östlichen Platzabschluss bildet der **Caesar-Tempel**. Nach der Ermordung von Iulius Caesar an den Iden (15.) des März 44 v. Chr. führte sein Leichenzug über das Forum, als sich das Volk des Leichnams bemächtigte und ihn an Ort und Stelle einäscherte. An diesem Platz ließ Oktavian, der spätere Augustus, 29 v. Chr. den Tempel für den vergöttlichten Caesar errichten. Der Name **Rostra**, der Rednerbühne der Westseite, entstand durch die Rammschnäbel von gegnerischen Schiffen, die als Trophäen an ihr angebracht waren.

Im mächtigen Ziegelbau der **Kurie** entschied der Senat über die Belange des römischen Staates. Während der römischen Republik höchstes Entscheidungsorgan, verlor der Senat mit der Kaiserzeit zunehmend an Bedeutung. Immer wieder durch Brände zerstört, stammt der heutige Bau aus der Zeit von Kaiser Diokletian (283 n. Chr.). Die Bronzeeingangstür ist eine Kopie des Originals, das im 17. Jahrhundert von Papst Alexander VII. für die Lateranbasilika zweckentfremdet wurde.

Ab 203 n. Chr. wurde als größter Triumphbogen Roms der **Bogen des Septimius Severus** erbaut. Anlässlich seines zehnjährigen Herrschaftsjubiläums ließ er im Relief die Siege über Parther und Assyrer verherrlichen, die er gemeinsam mit seinen Söhnen Caracalla und Gaeta errungen hatte. Vorbei am **Umbilicus Urbis**, dem symbolischen Zentrum Roms, stoßen wir auf den **Tempel des** altrömischen Ackergottes **Saturn**, in dessen Unterbau der römische Staatsschatz aufbewahrt war. Jedes Jahr nach der Wintersaat feierte Rom ein großes Fest (Saturnalien), bei dem für einige Tage alle Standesunterschiede aufgehoben waren – der Ursprung unseres heutigen Karnevals.

Gleich hinter dem Bogen des Septimius Severus führt uns eine Treppe aus dem Forum Romanum hinaus, vorbei an den Mamertinischen Kerkern hinauf zum Kapitolshügel. In der Antike bildete das ❸ **Kapitol** ➜ G7/8, einer der sieben klassischen Hügel Roms, eine baulich-funktionale Einheit mit dem Forum Romanum. Auf ihm erhoben sich die wichtigsten Tempel. Der Tempel der kapitolinischen Trias diente der Verehrung von Jupiter, Juno und Minerva, der des Jupiter Optimus

Michelangelos Werk: die Treppe und der Kapitolsplatz

Stadttouren

Maximus war Jupiter als höchster Gottheit geweiht und der für Juno Moneta der Mahnenden Göttin Juno. Das Kapitol war aber auch letzte Fluchtburg, so während der Gallierkatastrophe im 4. Jahrhundert v. Chr. Mit dem Untergang des Weströmischen Reichs verfiel das Kapitol allmählich. Erst im 16. Jahrhundert erlangte es unter dem Pontifikat von Paul III. Farnese eine neue Blüte.

Das Universalgenie Michelangelo bekam den Auftrag zur Neugestaltung des Hügels. Auf ihn gehen die Platzgestaltung mit den eingelegten Travertinbändern zurück, die Aufstellung des **Reiterstandbildes von Marc Aurel** und größtenteils auch die Ausführung der Paläste. Der stirnseitige **Senatorenpalast**, erbaut über dem antiken römischen Staatsarchiv *(Tabularium)*, dient heute den römischen Stadtrat.

Der **Konservatorenpalast** ➔ G7/8 beherbergt gemeinsam mit dem gegenüberliegenden **Palazzo Nuovo** die ❸ **Kapitolinischen Museen**. Aus der Sammlung eines der bedeutendsten archäologischen Museen ragen neben der römischen Wölfin und dem originalen Reiterstandbild von Marc Aurel besonders der Sterbende Gallier (2. Jh. v. Chr.) und die monumentalen Gliedmaßen von Kaiser Konstantins Sitzstatue aus der Maxentiusbasilika (4. Jh. n. Chr.) heraus.

Über die repräsentative **Treppe von Michelangelo** verlassen wir unter den Blicken der monumentalen Statuen von Castor und Pollux, der Schutzpatrone Roms, das Kapitol und gelangen auf der Via dei Funari auf die **Piazza Mattei** ➔ G7 mit dem wunderbar verspielten **Schildkrötenbrunnen**. Della Porta und Landini schufen im späten 16. Jahrhundert den Brunnen und die Bronzefiguren der Jünglinge, die Schildkröten wurden erst Mitte des 17. Jahrhundert hinzugefügt.

Über die Via Arenula hinweg folgen wir der Via di Giubbonari auf den ✠ **Campo de' Fiori** ➔ F/G5/6. Um die Statue von Giordano Bruno, einem Dominikanermönch, der im Jahr 1600 der römischen Inquisition zum Opfer gefallen war, erstreckt sich Roms berühmtester und schönster Markt. Jeden Morgen (außer an Sonn- und Feiertagen) wechseln hier Fisch, Gemüse und Obst, Gewürze, Küchenutensilien und Bekleidung den Besitzer. Wenn mittags die letzten Marktstände abgebaut sind und der Platz von den verbliebenen Resten befreit wurde, stehen vor immer mehr Trattorien Tische und Stühle und der Platz bekommt sein Nachmittag-Abend-Gesicht. Die zahlreichen Bars, Cafés und Trattorien auf dem Campo de' Fiori oder auf der angrenzenden Piazza Farnese laden ein, sich bei einer typischen Pasta den Blick auf den **Palazzo Farnese** ➔ G5, die Wohnstätte von Kardinal Alessandro Farnese, des späteren Papst Paul III., zu genießen oder sich bei einem guten Risotto Gedanken über den **Palazzo della Cancelleria** ➔ F5 zu machen, den Kardinal Raffaele Riario mit seinen Gewinnen aus dem Würfelspiel zu Beginn des 16. Jahrhunderts bauen ließ.

Die ❹ **Piazza Navona** ➔ F6 erinnert in ihrer lang gestreckten Form an das antike Stadion von Kaiser Domitian (1. Jh. n. Chr.), das sich einige Meter unter heutigem Straßenniveau befindet. Der **Vier-Ströme-Brunnen** (Fontana dei Fiumi), von Bernini Mitte des 17. Jahrhunderts geschaffen, zeigt vier Ströme, in Gestalt von vier Männern, die die vier damals bekannten Kontinente symbolisieren. In ihrer Haltung zum Papstwappen, das den Brunnen krönt, spiegelt sich das Verhältnis der Erdteile zur Kirche.

Die Piazza Navona ist einer der Treffpunkte Roms, ein Ort zum Schlendern und Plaudern, Sehen und Gesehen werden. Mit Muße den Platz erleben, heißt die Devise.

Mittelpunkte städtischen Lebens in der Antike und heute

Vorbei am Palazzo Madama, dem Sitz des italienischen Senats, gelangt man zum ❺ **Pantheon** ➡ F6. Von Marcus Agrippa, dem Schwiegersohn von Augustus im 1. Jahrhundert v. Chr. begonnen und von Domitian (1. Jh. n. Chr.) umgebaut, verdankt das Pantheon sein heutiges Aussehen Kaiser Hadrian (1. Hälfte 2. Jh. n. Chr.). In der Vorhalle des Pantheons hing einst eine Kassettendecke aus Bronze, bis Papst Urban VIII. diese im 17. Jahrhundert herausreißen ließ, um aus der Bronze von Bernini den Baldachin in St. Peter gießen zu lassen. Die originale Bronzeeingangstür blieb glücklicherweise erhalten. Der mächtigste Kuppelbau der Antike mit einer Innenhöhe und einem Durchmesser von jeweils 43,3 Metern zieht die Besucher in seinen Bann. Die Öffnung im Scheitelpunkt hat einen Durchmesser von neun Metern.

Der Vier-Ströme-Brunnen auf der Piazza Navona

Der aus dem Griechischen abgeleitete Name Pantheon verweist auf die Verehrung aller Götter, wahrscheinlich aber handelte es sich um einen Tempel für die sieben planetarischen Götter. Zu Beginn des 7. Jahrhunderts wurde aus dem heidnischen Tempel eine christliche Kirche, in der noch heute jeden Sonntag Messe gefeiert wird. Das Pantheon diente aber auch als Grablege wichtiger Persönlichkeiten. Neben den italienischen Königen Vittorio Emanuele II. und Umberto I. ruht hier auch der große Renaissancekünstler Raffael, der 36-jährig im Jahr 1520 verstorben war.

Den nahen Rokokoplatz, Piazza di S. Ignazio, überragt die Jesuitenkirche **S. Ignazio** ➡ F7. Als Kollegskirche für das Collegio Romano, die erste Jesuitenschule, im 16./17. Jahrhundert erbaut, begeistert die nach außen schlichte Kirche durch ihre illusionistische Innengestaltung.

Die **Piazza Colonna** ➡ E7 wird von der **Marc-Aurel-Säule** beherrscht, die kurz nach dem Tod des Kaisers Marc Aurel (180 n. Chr.) errichtet wurde. Die Marmorreliefs verherrlichen seine Erfolge über die Markomannen und Sarmaten. Die Kaiserstatue auf der Spitze ließ Papst Sixtus V. durch die Statue des Apostels Paulus ersetzen. Der **Palazzo Chigi** ➡ E7 (17. Jh.) an der Nordseite des Platzes ist der Regierungssitz des italienischen Ministerpräsidenten. Nach dem Vorbild der großen Einkaufszentren in Turin und Mailand entstand im späten 19. Jahrhundert jenseits der Via del Corso die **Galleria Colonna** ➡ E7. Nach umfangreichen Restaurierungen wurde die vom Jugendstil geprägte Einkaufsgalerie im Jahr 2003 nach dem im gleichen Jahr verstorbenen römischen Volksschauspieler Alberto Sordi in Galleria Alberto Sordi umbenannt.

Ins Häusermeer Roms eingebettet, empfängt die ❻ **Fontana di Trevi** ➡ E8 ihre Besucher. Vor der Fassade eines stilisierten Triumphbogens mit den Personifikationen von Reinheit und Überfluss herrscht Okeanos

Stadttouren

Nicola Salvi ließ sich von römischen Triumphbögen zu seinem Entwurf der Fontana di Trevi inspirieren

über das Wasser. Nicola Salvi schuf im 18. Jahrhundert den berühmtesten und meistbesuchten Brunnen der Stadt. In Fellinis »La Dolce Vita« durfte sich Anita Ekberg unter dem Blick von Marcello Mastroianni an dem kühlen Nass erfreuen – ein Genuss, der den Touristen verwehrt bleibt. Eine Legende rankt sich um den Münzwurf in die Fontana di Trevi. Wer eine Münze mit der rechten Hand über die linke Schulter in den Brunnen wirft, kann sich einer glücklichen Rückkehr nach Rom gewiss sein, wird darin erzählt. Den Stadtsäckel erfreuen die Euro-Münzen, karitative Einrichtungen die anderen Münzen.

Nach dem berühmtesten Platz, der Piazza Navona, und dem berühmtesten Brunnen, der Fontana di Trevi, besuchen wir mit der ❼ **Spanischen Treppe** ➡ D7/8 zum Abschluss unseres Rundgangs auch die berühmteste Treppe von Rom. Interessanterweise heißt sie im Italienischen gar nicht »Spanische Treppe«, sondern **Scalinata della Trinità dei Monti**, Treppenaufgang zur Kirche Trinità dei Monti. Bereits im 17. Jahrhundert planten die Franzosen zu ihrer Nationalkirche einen repräsentativen Aufgang.

Der Begriff »Spanische Treppe« entstand durch die unmittelbare Nähe zur spanischen Botschaft beim Heiligen Stuhl. Der Barcaccia-Brunnen unterhalb der Treppe geht auf Bernini zurück und soll durch die Form des Schiffes an ein Tiberhochwasser erinnern, bei dem 1596 ein Schiff an dieser Stelle angespült worden war. Die Treppe als einer der Treffpunkte Roms lädt zum Verweilen ein, und die Via dei Condotti verführt zum Shoppen auf höchstem Niveau. Im **Antico Caffè Greco**, dem berühmtesten römischen Café, war schon Goethe zu Gast.

Höhepunkte von Kunst und Kultur um den Esquilin

Vormittag
Palazzo Massimo alle Terme – S. Maria Maggiore – S. Prassede – S. Pietro in Vincoli – S. Clemente.

Mittag
Pasqualino ➜ H10
Via dei Santi Quattro 66, Metro: Colosseo
✆ 067 00 45 76
Traditionslokal in einer Seitenstraße beim Kolosseum. Freundlicher Service. Bei schönem Wetter auch Tische draußen.

Nachmittag
Domus Aurea – Colosseo – Konstantinsbogen.

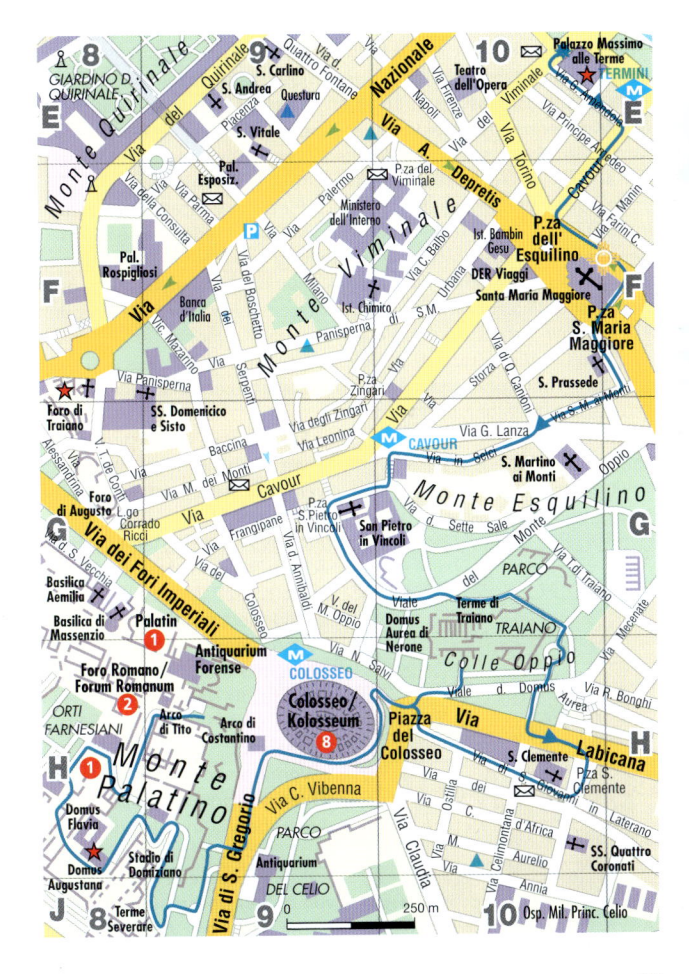

Stadttouren

Wir beginnen unseren Rundgang in einem großartigen archäologischen Museum. Für viele Besucher ist es schwierig, sich in den Ruinen einer archäologischen Ausgrabung das einstige Aussehen vorzustellen. Wenn man im Vorfeld aber bereits Skulpturen, Mosaiken oder Fresken gesehen hat, hilft dies auch, die Antike vor dem geistigen Auge wieder aufleben zu lassen.

Das **Museo Nazionale Romano** im **Palazzo Massimo alle Terme** ➡ E10/11 begeistert seine Besucher durch eine moderne, didaktisch sinnvolle und nicht zu überladene Präsentation seiner Exponate. Skulpturen aus Marmor und Bronze zeigen im Erdgeschoss und in der ersten Etage Götter, Kaiser und Heroen, Gaukler, Athleten und Gelehrte aus verschiedenen Jahrhunderten zwischen römischer Republik und später Kaiserzeit. Die zweite Etage präsentiert eine einmalige Sammlung antiker Fresken. Wirklichkeitsgetreu, detail- und farbenreich zieren Fresken mit Flora und Fauna, Architektur und Landschaft die Wände von Speisesälen, Schlafzimmern und Korridoren, die teils in Originalgröße nachgebaut wurden.

Nach einem schnellen Kaffee in einer der zahlreichen Bars kommt man zur Kirche **Santa Maria Maggiore** ➡ F10/11. Der ägyptische Obelisk vor ihrer Rückseite, oberhalb der Via Cavour, flankierte einst gemeinsam mit dem Obelisken vor den Quirinalspalästen den Eingang zum Augustusmausoleum auf dem Marsfeld. Die Mariensäule vor dem Kirchenhauptportal verweist bereits auf Maria als Patronin der Kirche. Die Säule selbst wurde wiederverwendet und stand einst in der antiken Maxentiusbasilika auf dem Forum Romanum.

Von den vier Patriachalbasiliken – S. Pietro in Vaticano, S. Giovanni in Laterano, S. Paolo fuori le Mura und S. Maria Maggiore – gibt Letztgenannte am deutlichsten die Vorstellung von einer frühchristlichen Kirche wieder, die sich in ihrer Form aus der heidnischen Handels- oder Gerichtsbasilika entwickelt hat. Auffällig ist der großartige Fußboden aus Porphyr, Serpentin und verschiedenen Marmorsorten, der nach der Familie, die derartige Böden im 12. Jahrhundert aus den ehemaligen Wand- und Bodenverkleidungen antiker Kaiservillen schuf, Kosmatenboden genannt wird.

Michelangelos Moses in S. Pietro in Vincoli

Ein Kleinod unter dem römischen Kirchenhimmel ist die nur wenige Schritte entfernte **Kirche S. Prassede** ➡ F10/11. Ein Bilderbuch aus bunten Steinen öffnet sich am Triumphbogen und in der Apsis. Papst Paschalis I. ließ im 9. Jahrhundert farbenprächtig darstellen, wie die Apostelfürsten Petrus und Paulus, die Schwestern Praxedis, die Namenspatronin der Kirche, und Pudenziana Christus empfehlen.

Vorbei am mittelalterlichen Geschlechterturm dei Capocci und durch die Via in Selci, den antiken *Clivus Suburbanus,* gelangen wir über eine steile Treppe zu der von außen höchst unauffälligen **Kirche S. Pietro in Vincoli** ➡ G9/10.

Höhepunkte von Kunst und Kultur um den Esquilin

Die Basilika Santa Maria Maggiore auf dem Esquilinhügel

Zwar wurde die Kirche bereits im 5. Jahrhundert erwähnt, doch geht die heutige Gestaltung von Portikus und Innenraum auf Kardinal Giuliano della Rovere zurück, dessen Titularkirche S. Pietro in Vincoli war, bevor er 1503 endlich den letzten Schritt auf der Karriereleiter tun durfte und zum Papst Julius II. gewählt wurde. Michelangelos meisterlicher Moses sollte die Hauptfigur in dem wesentlich größer konzipierten Grabmonument für Julius II. im Neubau von S. Pietro in Vaticano werden. Unstimmigkeiten zwischen Papst und Künstler sowie der Auftrag zur Neugestaltung der Sixtinischen Decke an Michelangelo verzögerten die Realisierung des Grabes. Beim Tod des Papstes (1513) noch unvollendet, wurde das Projekt dann in den 40er-Jahren des 16. Jahrhundert in einer wesentlich bescheideneren Form zu einem Ende gebracht. Auch der Aufstellungsort veränderte sich. Nicht mehr S. Pietro, sondern S. Pietro in Vincoli. Wen mag es verwundern, dass der amtierende Papst nicht unbedingt ein monumentales Grab eines ehemaligen Papstes im Neubau der Peterskirche haben wollte. Dieser kleinen Modifikation verdankt S. Pietro einen nicht enden wollenden Besucherstrom, schließlich will jeder Michelangelos Moses sehen.

Durch den Park des Colle Oppio, vorbei an den kläglichen Ruinen der Titus- und Trajansthermen steigen wir hinab zur Via Labicana und treffen dort auf die **Kirche S. Clemente** ➔ H10.

Über das Atrium, eine Oase der Ruhe, betreten wir den Kirchenbau des 12. Jahrhundert mit seinen wunderbaren Chormosaiken zur Verherrlichung des Kreuzes (12. Jh.). Die Triumphbogenmosaiken mit Christus inmitten der Evangelistensymbole, Heiligen und Propheten sind durch die später eingehängte Kassettendecke zum Teil verdeckt. In der Cappella di S. Caterina erzählen frühe Renaissancefresken (15. Jh.) des Künstlers Masolino da Panicale Episoden aus dem Leben der hl. Caterina von Alexandrien und des hl. Ambrosius, des ersten Bischofs von Mailand.

Erst im 19. Jahrhundert wurde durch Zufall die Vorläuferkirche aus dem 4. Jahrhundert unter der heutigen entdeckt, die im 11. Jahrhundert während des Normannensturms zerstört worden war und in der Folge als Unterbau für die jetzige Kirche diente. Der Abstieg in die Tiefe gleicht einer Zeitreise.

Stadttouren

Aus den Tiefen der Vergangenheit ans Tageslicht zurückgekehrt, gönnen wir uns erst eine Mittagspause, bevor wir am Nachmittag weiteren Höhepunkten der Antike zuwenden.

Im Park des Colle Oppio liegt oberhalb der Via Labicana der Eingang zur **Domus Aurea** → G/H10, dem Goldenen Haus von Kaiser Nero (zzt. wg. Restaurierung geschl.). Nach dem neronischen Stadtbrand 63 n. Chr., der nachweislich übrigens nicht von Nero gelegt worden war, wie häufig dargestellt, war Rom zu einem Großteil zerstört.

Nero nutzte die sich bietenden Freiflächen, um mitten im Zentrum des antiken Roms auf einer Fläche von etwa 80 Hektar sein Goldenes Haus bauen zu lassen. Dabei handelt es sich nicht um ein einziges Gebäude, sondern um eine weitläufige Anlage mit Wäldern und Seen, die mit privaten und repräsentativen Bauten wechselten. Im überdachten Bereich befand sich ein Teich mit Salzwasser, ein anderer war mit Süßwasser gefüllt. Ein Speisesaal besaß eine Kassettendecke, die man öffnen konnte, um Blütenblätter hereinregnen zu lassen. Als Nero diese gewaltige Anlage endlich beziehen konnte, soll er gemeint haben, jetzt endlich könne er leben wie ein Mensch.

Nach Neros vorzeitigem Ableben wurden die Repräsentationsräume am Colle Oppio abgerissen oder zugeschüttet und als Unterbauten für die Titus- und Trajansthermen verwendet. Erst im 16. Jahrhundert kamen zufällig die ersten Räume der Domus Aurea wieder ans Tageslicht. Ein Besuch in den Räumlichkeiten sollte von möglichst viel Phantasie begleitet werden. Die einst lichtdurchfluteten, mit Wasserspielen, Skulpturen und Mosaiken geschmückten Räume präsentieren sich heute fast komplett schmucklos im Dunkel des Tiefparterres.

Zwar mit Licht erfüllt, aber auch nicht perfekt erhalten, zeigt sich zwischen der Via Labicana und der Via di S. Giovanni in Laterano die Gladiatorenschule Ludus Magnus. Nur ein Teil der Arena wurde freigelegt, während der Rest noch unter den angrenzenden Straßen und Häusern begraben liegt. Vier dieser Einrichtungen, die zu Ausbildung und Training der Gladiatoren dienten, lagen in unmittelbarer Nähe des Kolosseums. Schließlich sollten in der Hauptarena vor großem Publikum Profis kämpfen.

Der antike römische Schriftsteller Sueton erwähnt in Zusammenhang mit dem Domus Aurea einen künstlichen See unter freiem Himmel, an dem die Flamingos spazieren gingen. An der Stelle des Sees wurde unter Kaiser Vespasian ab 72 n. Chr. der Bau des **❽ Kolosseums** → H9 begonnen. Schätzungsweise 40 000 Sklaven verarbeiteten mehr als 100 000 Kubikmeter Travertin und 300 Tonnen Eisen. Die Travertinblöcke aus den Steinbrüchen von Tibur, dem heutigen Tivoli, wurden nicht miteinander vermauert, sondern durch Eisenklammern verbunden. Vor allem im metallhungrigen Mittelalter wurden die Klammern herausgerissen, um sie anderweitig zu verwenden.

Die 80 Arkadenbögen auf heutigem Straßenniveau dienten in der Antike als Eingänge. Die beiden Öffnungen an der Querachse des Ovals waren den wichtigen Persönlichkeiten wie der kaiserlichen Familie, Priesterschaften und Senatoren vorbehalten. Die beiden Eingänge an der Längsachse des Ovals wurden von den Gladiatoren genutzt. Während der östliche dieser beiden auch der Ausgang der siegreichen Gladiatoren war, diente der westliche lediglich dem Abtransport der weniger siegreichen Gladiatoren. Verteilt auf einen Umfang von gut 520 Metern, boten die verbliebenen 76 Eingänge rund 50 000 Menschen Einlass. Die drei Arkadenränge mit der Attika darüber erreichten eine

Höhepunkte von Kunst und Kultur um den Esquilin

Gesamthöhe von 48 Metern. Die aus dem Mauerverbund der Attika herausragenden Blöcke trugen Holzmasten, von denen Sonnensegel über die Sitzplätze gespannt waren.

Dieser Bau der Superlative, der zugleich der größte Bau der römischen Antike ist, war im Jahr 80 n. Chr. so weit fertiggestellt, dass er unter Kaiser Titus, dem Sohn von Vespasian, mit hunderttägigen Spielen eingeweiht werden konnte. Laut Überlieferung wurden in deren Verlauf 5000 Tiere getötet. Der zweite Sohn von Vespasian, Domitian, vollendete die Attika. Vespasian, Titus und Domitian stammten aus dem Geschlecht der Flavier; aus diesem Grund wird das Kolosseum in seinem offiziellen Namen flavisches Amphitheater genannt.

Jahrhunderte später, das Kolosseum war längst fester Bestandteil des römischen Veranstaltungskalenders, entstand nur wenige Schritte entfernt der **Konstantinsbogen** ➜ H9. 312 n. Chr. war Kaiser Konstantin vom Norden her auf Rom gezogen, um die Hauptstadt des Römischen Reichs vom unrechtmäßigen Herrscher Maxentius zu befreien. Bevor es zwischen beiden zur entscheidenden Auseinandersetzung kam, hatte Konstantin eine nächtliche Vision. Ihm erschien das christliche Kreuz und eine Stimme sagte ihm: »Unter diesem Zeichen wirst du siegen.« Und so erzählt die christliche Legende, dass Konstantin die Schlacht an der Milvischen Brücke 312 n. Chr. im Zeichen des Kreuzes gegen Maxentius geführt und gewonnen hat.

Noch im gleichen Jahr beschloss der römische Senat zu Ehren Konstantins den Bau eines Triumphbogens. Bereits drei Jahre später vollendet, sollte der Bau vermutlich nicht nur möglichst schnell, sondern auch günstig realisiert werden. So griff man teilweise auf bereits vorhandene Reliefs und Skulpturen aus älteren Bauten zurück.

Bei den Gefangenen vor der Attika handelt es sich um Daker, deren Skulpturen bereits im frühen 2. Jahrhundert n. Chr. in der Basilika Ulpia des Forums von Trajan verwendet wurden. Die Reliefs der Attika zeigen Amtshandlungen von Kaiser Marc Aurel (2. Hälfte 2. Jh. n. Chr.). Die Jagd- und Opferdarstellungen der Rundbilder über den seitlichen Durchgängen verweisen auf Kaiser Hadrian und lassen sich zeitlich zwischen Trajan und Marc Aurel einordnen. Auf die konstantinische Zeit verweisen die Reliefs über den Seitendurchgängen. ■

Ein beeindruckender Anblick: das Kolosseum

Streifzüge

Vatikan – der kleinste irdische Staat

Von der Adria bis zur Riviera reichte über Jahrhunderte der Kirchenstaat. Wie ein Keil schob er sich zwischen Süd- und Norditalien. Legitimiert wurde die weltliche Herrschaft der Päpste über diesen Flächenstaat durch die Konstantinische Schenkung und darauf basierend die Pippinische Schenkung. Auch als im 15. Jahrhundert festgestellt wurde, dass es sich bei der Konstantinischen Schenkung um eine Fälschung handelt, konnte dies dem päpstlichen Herrschaftsanspruch keinen Abbruch tun. Erst die Einigung Italiens 1870 machte aus dem Papst wieder »nur« den spirituellen Anführer der Katholiken.

Mit einer Fläche von etwa 44 Hektar und einigen exterritorialen Gebieten, wie u.a. den Patriachalbasiliken S. Maria Maggiore, S. Paolo fuori le Mura oder S. Giovanni in Laterano, präsentiert sich der Kirchenstaat heute als der kleinste Staat der Welt. In der Vatikanstadt (Città del Vaticano) gibt es gut 900 Einwohner, davon rund 550 Staatsbürger und dazu täglich mehrere Tausend Pendler, die morgens aus Italien in den Vatikan zum Arbeiten einreisen und abends wieder nach Italien zurückkehren. Als souveräner Staat verfügt der Vatikan über einen eigenen Radio- und Fernsehsender (Radio Vaticana), eine eigene Zeitung (Osservatore Romano), eine eigene Post, eine Nationalfahne (Weiß-Gelb mit der Tiara und den Schlüsseln Petri), eine eigene Währung (Vatikan-Euro) und sogar über ein eigenes Autokennzeichen (SCV – *Stato della Città del Vaticano*).

Die schönste Annäherung an den Vatikan führt über die **Via della Conciliazione** ➜ E3/4, die Straße der Versöhnung. Mussolini ließ sie nach der Unterzeichnung der Lateranverträge (1929) als Sinnbild des Ausgleichs zwischen Staat und Kirche anlegen. Die Nebenstraßen auf der rechten Seite geben immer wieder den Blick frei auf einen Fluchtgang, der zwischen Vatikan und Engelsburg angelegt worden war, nachdem das ursprüngliche Hadriansmausoleum als Fluchtburg der Päpste umgestaltet wurde. Papst Clemens VII. musste über diesen Weg sein Heil in der Engelsburg suchen, als die Landsknechte von Karl V. 1527/28 während des »Sacco di Roma« die Stadt in Schutt und Asche legten.

Der Übergang von der Via della Conciliazione zum ❾ **Petersplatz** ➜ aC/aD4/5 bildet gleichzeitig auch die Grenze zwischen Italien und dem Kirchenstaat. Im Zentrum des Platzes erhebt sich der ägyptische Obelisk, der im Römischen Reich auf der Mittelachse des Circus des Nero gestanden hatte und im Auftrag von Papst Sixtus V. 1586 hier aufgestellt wurde. Die Platzgestaltung selbst geht auf Bernini in der zweiten Hälfte des 17. Jahrhunderts zurück. Die Peterskirche war damals bereits fertig gebaut, der Obelisk stand auch schon und die päpstlichen Paläste auf der Westseite des Platzes waren ebenfalls bereits vorhanden, als Bernini den Auftrag zur Platzgestaltung von Papst Alexander VII. bekam. Um örtlichen Gegebenheiten Rechnung zu tragen, schuf Bernini zwei unterschiedliche Plätze: einen trapezförmigen direkt vor der Kirchenfassade und einen ovalen mit dem Obelisken im Zentrum. Gefasst wird der Petersplatz von den Kolonnaden mit den Heiligenfiguren. Im Boden eingelassen, markieren zwei kreisrunde Scheiben zwischen Obelisk und Brunnen die Stelle, an der nur noch die vorderste Säule der Kolonnaden sichtbar ist.

Vatikan – der kleinste irdische Staat

Petersplatz mit dem rund 25 Meter hohen ägyptischen Obelisken, den zwei Brunnen und den elliptischen Kolonnaden

Auf dem Petersplatz versammeln sich die Gläubigen an Weihnachten und Ostern, um vom Papst den »Urbi et Orbi«, den Segen für Rom und den gesamten Erdkreis, zu empfangen. Bei der Wahl eines neuen Papstes warten die Menschen auf dem Petersplatz darauf, dass über der Sixtinischen Kapelle weißer Rauch aufsteigt, um eine erfolgreiche Wahl anzuzeigen. Auf dem Petersplatz werden Selig- und Heiligsprechungen zelebriert, und jeden Sonntag um 12 Uhr warten die Besucher auf das Erscheinen des Papstes an einem Fenster seiner Privatgemächer zum Angelus-Gebet.

Achten Sie darauf, wie schnell die Kuppel von ❾ **St. Peter** ➡ aC3/4 durch die Vorhalle verdeckt wird, wenn Sie sich der Kirche nähern. Als der Architekt Maderno im frühen 17. Jahrhundert eine Vorhalle vor St. Peter bauen musste, warnte er immer wieder, dass er damit den Blick auf die Kuppel, das eigentliche Wahrzeichen von St. Peter, verstellen würde, wie es dann auch geschah. Seit dem 11. September 2001 müssen alle Besucher von St. Peter vor dem Besuch der Kirche eine Sicherheitsschleuse passieren, die sich am südlichen Ende der rechten Kolonnaden befindet. Fünf Portale führen von der Vorhalle hinein in die Peterskirche.

Das ganz rechte Portal allerdings wird man fast immer geschlossen antreffen. Es handelt sich dabei um die **Heilige Pforte** der Peterskirche. Wie auch bei S. Maria Maggiore, S. Paolo fuori le Mura und S. Giovanni in Laterano, den anderen Hauptkirchen Roms, wird die Heilige Pforte nur im Heiligen Jahr geöffnet. Das letzte Heilige Jahr war im Jahr 2000, das nächste wird dann 2025 gefeiert. Derjenige, der dann Papst sein wird, öffnet an Weihnachten des Jahres 2024 die Heilige Pforte von St. Peter und für ein Jahr werden an allen vier Hauptkirchen die Heiligen Pforten geöffnet sein.

Der **Innenraum** von St.Peter überwältigt mit seinen unglaublichen Dimensionen. Ohne Bestuhlung, wie es die Regel ist, würden in der Kirche ca. 60 000 Menschen Platz finden. St. Peter war die größte Kirche der Christenheit, bis in den 1990er-Jahren an der Elfenbeinküste eine noch größere gebaut wurde. Beim 1506 begonnenen Neubau von

Kuppel der Peterskirche

St. Peter wurden Architekturteile der konstantinischen Basilika wiederverwendet. Im Mittelschiff nahe dem Portal liegt eine kreisrunde Porphyrscheibe, die in Alt-St. Peter direkt beim Altar lag und auf der Weihnachten des Jahres 800 Karl der Große von Papst Leo III. zum Kaiser gekrönt worden war. Bei der Ausgestaltung des Kirchenneubaus fand fast ausschließlich haltbares Material Verwendung. Viele Darstellungen, die auf den ersten Blick wie ein Gemälde erscheinen, entpuppen sich bei näherer Betrachtung als Mosaik.

Am Ende des rechten Seitenschiffs befindet sich die viel besuchte letzte Ruhestätte von Papst Johannes XXIII. Der Roncalli-Papst aus Bergamo war eigentlich 1958 als gutmütiger Übergangspapst gewählt worden, der dann aber überraschenderweise als Kirchenreformator von sich reden machte. Im von ihm einberufenen Zweiten Vatikanischen Konzil wurde zum Beispiel entschieden, dass fortan die Landessprache und nicht das Lateinische die Sprache der Messen sein sollte.

Nach einem ausführlichen Besuch der Kirche lohnt sich auf alle Fälle der Aufstieg zur **Kuppel**. Auf der Höhe des Tambours der Kuppel genießt man von einer Galerie in der Kuppel einen großartigen Blick von oben auf den Baldachin über dem Hauptaltar. Bis zur Laterne steigt man in der Wandung der Kuppel nach oben. Von dort reicht der Blick weit über das gesamte Stadtareal hinaus, an klaren Tagen bis zu den Gebirgszügen des Apennins.

St. Peter besitzt auch eine Unterkirche. Beim Neubau von St. Peter im 16. Jahrhundert hat man das Kirchenniveau im Vergleich zum konstantinischen Vorgängerbau um einige Meter angehoben, dadurch entstanden unter St. Peter die **heiligen vatikanischen Grotten** *(sacre grotte vaticane)*. In den Grotten stehen die Sarkophage von Bonifaz VIII., der im Jahr 1300 das erste Heilige Jahr ausrief, Johannes Paul I., der sein Amt nur 33 Tage bekleidete, oder auch Johannes Paul II., der die katholische Kirche ins dritte Jahrtausend führte und sich größter Beliebtheit erfreute.

Unverzichtbar für alle Besucher des Vatikans ist natürlich der Gang durch die ❿ **Vatikanischen Museen** ➡ aA/aB3/4. Kunst in Malerei und

Skulptur aus den unterschiedlichsten Jahrhunderten vor und nach Christus machen einen Aufenthalt in den Museen unvergesslich. Unvergesslich wird er wahrscheinlich auch deswegen, weil die Schlangen am Eingang meist sehr lang sind und man auch vor den Exponaten nicht unbedingt die erwünschte Muße findet. Ein Besuch in der **Sixtinischen Kapelle** mit den meisterhaften Fresken von Michelangelo entschädigt für vieles.

Ostia Antica – Roms einstiger Hafen

Der Besuch von **Ostia Antica** ➜ bF3 liefert eine hervorragende Ergänzung zu den archäologischen Ausgrabungen in Rom. Theater, Amphitheater, Tempel und Thermen präsentieren Rom in imposanten Dimensionen, aber Alltagsbauten wie Wohnhäuser, Vorratsspeicher, Kneipen und Latrinen sind nicht mehr vorhanden. Rom wurde über die Jahrhunderte immer wieder neu be- oder überbaut, so blieben nur die monumentalen Prachtbauten der Antike erhalten. Ostia Antica ist also ein absoluter Glücksfall. Durch die Verlandung des Hafenbeckens und die Verlagerung der Küstenlinie ins Meer hinaus war der antike Hafen Roms schon im 2. Jahrhundert n. Chr. nicht mehr komplett nutzbar. Im Laufe der Zeit wurde Ostia aufgegeben und von der Natur überwuchert. So förderten die seit dem 19. Jahrhundert laufenden Ausgrabungen eine fast komplette Kleinstadt zu Tage. Aber noch in anderer Hinsicht ist Ostia Antica ein Gewinn: die Ruhe! Nach dem Besuch der sehr lebhaften Metropole genießt man in den Ausgrabungen eine geradezu paradiesische Stille.

An der Mündung (lat. *ostium*) des Tibers wurde bereits im 4. Jahrhundert v. Chr. eine Versorgungsstation für die Stadt Rom gegründet. Während der Blütezeit im 1. und 2. Jahrhundert n. Chr., als Rom selbst mehr als eine Million Einwohner zählte, belief sich die Zahl der Bewohner von Ostia auf beachtliche 100 000. Einen hilfreichen Überblick über das etwa 100 Hektar große Ausgrabungsgebiet liefert ein detaillierter Plan gleich beim Eingang.

Typisch für die meisten römischen Städte ist der Verlauf der Straßen. Nach dem Prinzip des hippodamischen Straßennetzes angelegt,

Die doppelläufige Spiraltreppe am Eingang der Musei Vaticani

schneiden sich fast alle Straßen im 90-Grad-Winkel. An der Schnittstelle der beiden Hauptachsen, Cardus Maximus und Decumanus Maximus, öffnet sich als zentraler Platz das Forum. Noch außerhalb der Stadtgrenzen erstreckten sich links des Decumanus Maximus die Nekropolen an der Porta Romana, da Bestattungen innerhalb der Stadtmauern verboten waren.

Das **Theater** aus der Zeit von Marcus Agrippa (12 v. Chr.) fasste einst ungefähr 3000 Besucher. Nach den Ausgrabungen zu einem großen Teil wiederaufgebaut, finden während der Sommermonate Aufführungen statt. In antiken römischen Städten ohne Amphitheater wurden Gladiatorenkämpfe oft im Theater abgehalten. Die sonstigen Darbietungen liefen meist nach dem Motto Sex and Crime. Möglichst ohne Niveau und damit für jeden verständlich, lenkten sie das einfache Volk von den wirklichen Problemen des Lebens ab.

Am angrenzenden Piazzale delle Corporazioni lagen die Läden von rund 70 Handelsniederlassungen aus den unterschiedlichen Teilen des Römischen Reichs. Einfache schwarz-weiße Mosaiken dienten als Geschäftsschilder und warben für Weinhändler, Tierimporteure, Getreide- oder Ölverkäufer. Im **Haus des Apuleius** fand man eines von 17 Mithräen, die zur Verehrung des persischen Gottes Mithras dienten. Innerhalb kurzer Zeit fand dieser Kult durch die Legionäre und die gut ausgebauten Handelswege eine großflächige Verbreitung.

Um die Casa di Diana erhoben sich die gut erhaltenen **Hochhäuser** der Antike. Genau wie zur heutigen Zeit gab es auch in der Antike unterschiedliche Wohnqualitäten. Die reicheren Bürger wohnten in Atrium- oder den noch größeren Peristylhäusern, während die einfachen Leute wie Seeleute, Händler oder Hafenarbeiter meist mit Wohnungen in Mietskasernen *(insulae)* zufrieden sein mussten. Während sich auf Straßenniveau die Geschäfte öffneten, befanden sich in den Etagen darüber die Wohnungen, teilweise mit Balkonen, meist aber ohne eigene Latrinen, Küchen oder Wasserversorgung.

Offenes Feuer stellte in der Antike wegen der dichten Bebauung und der häufigen Verwendung von Holz ein großes Risiko dar. Garküchen boten eine Alternative zur eigenen Kochstelle. Im *Thermopolium* tra-

In ihrer Blütezeit hatte Ostia Antica westlich von Rom 100 000 Einwohner

fen sich und speisten die einfachen Leute. Die Gabel war noch nicht erfunden, der Wein mit Wasser verdünnt und die Speisen von einfacher Qualität. An der Schnittstelle von Cardus und Decumanus Maximus befand sich das **kultisch-verwaltungstechnische Zentrum von Ostia**: ein Podiumstempel, nach dem Vorbild des römischen Kapitols der Trias Jupiter, Juno und Minerva geweiht, eine Basilika als Gerichtssaal und die Kurie für die Versammlung der städtischen Entscheidungsträger.

Die gut erhaltenen **Thermen** des Forums ermöglichen einen tiefen Einblick in das antike Badewesen. Nachdem die normalen Häuser keinen Wasseranschluss besaßen, sind die Thermen im Allgemeinen als Ort der Volkshygiene zu sehen. Insofern verwundert es nicht, dass es sich bei den Forumsthermen nur um eines von 18 in Ostia bekannten Bädern handelt. Sehr schön zu erkennen sind die Tonröhren an den Wänden des beheizbaren Warmbades *(Caldarium)*, durch die die heiße Luft zirkulierte.

Deutlich zu erkennen sind auch die **Latrinen**. Fließendes Wasser sorgte für den Abtransport der Fäkalien. Wie die noch vorhandenen Sitzplätze richtig vermuten lassen, saß man nicht alleine. Die Latrinen waren der Ort der Kommunikation, Ratsch und Tratsch wurden ausgetauscht, aber auch Verträge geschlossen. Als Kaiser Vespasian nach dem Tod von Nero einen finanziell ruinierten Staat übernahm, führte er eine Steuer für Urin ein. Als sich sein Sohn Titus darüber beschwerte, hielt er ihm eine Münze unter die Nase und forderte ihn auf, daran zu riechen. »Geld stinkt nicht« *(pecunia non olet)*, war die lapidare Erklärung der neuen Abgabe. Bis vor wenigen Jahren hießen in Italien die gebührenpflichtigen Toiletten nach dem Erfinder der Gebühr *vespasiani*.

Einen Abstecher lohnen auch die **Mühlen** in der Via dei Mulini. Es ist gut zu erkennen, wie bei den Römern die großen Mühlen funktionierten. Auf dem Boden stand ein Basaltblock, der sich konisch nach oben verjüngte. Darauf befand sich ein zweiter Basaltblock, der auf Passung gearbeitet auf dem unteren aufsaß und sich nach oben trichterförmig weitete. Das Getreide wurde in den Trichter gefüllt und der obere Block durch Menschen- oder Tierkraft gedreht. Das zwischen den beiden Blöcken zerriebene Getreide rieselte in Form von Mehl am Übergang der beiden Basaltblöcke heraus.

Besuchen sollte man auch das kleine **Museum** von Ostia Antica, in dem die Funde der Ausgrabungen wie Skulpturen, Fresken oder Mosaiken zu sehen sind. Eine Cafeteria lädt zum Verweilen ein. In unmittelbarer Nähe fließt der Tiber in seinem heutigen Flussbett, bevor er kurz darauf ins Meer mündet.

Sommerfrische Tivoli – Villa Adriana und Villa d'Este

Wenn in den Sommermonaten in der römischen Campagna (Landschaft um Rom) die Luft steht, in Rom Hitze und Smog wie eine Glocke über der Stadt hängen, suchen die Römer Abkühlung in den umliegenden Bergen und Erfrischung am Meer. Beliebtes Ausflugsziel ist dabei das 35 Kilometer entfernte **Tivoli** ➜ bC7/8, lassen sich doch die leicht erhöhte Lage an den Tiburtinischen Bergen und der Kunstgenuss aufs Beste kombinieren.

Streifzüge

Nur einen Steinwurf von Rom entfernt, aber doch eine andere Welt, so präsentiert sich die **Villa Adriana** ➔ bC7/8 (Villa von Hadrian) zu Füßen von Tivoli. Seit 1999 wird sie in der Liste des Weltkulturerbes der UNESCO geführt.

Kaiser Hadrian (117–138 n. Chr.) ließ auf der letzten großen Ebene, auf einer bereits aus der Zeit der Republik bestehenden Villa seine repräsentative Residenz erbauen. Auf einem Areal von circa 80 Hektar konnten an die 20 000 Menschen arbeiten und leben. In diesem Zusammenhang mag der Begriff Villa verwirren, ist man doch geneigt, eher von einer herrschaftlichen Stadt zu sprechen. Ein Modell am Ende der Fahrstraße durch das Ausgrabungsgelände gibt einen Überblick über die Villa.

Hadrian, mehr als die Hälfte seiner Regierungszeit im Römischen Reich unterwegs, ließ sich von den vielen Bauten, die er dabei kennenlernte, leiten. Nicht sklavisch kopierend, sondern davon inspiriert, entstand nach seinen Plänen die größte Kaiservilla der römischen Geschichte.

Beim großen **Portikus** handelt es sich um ein lang gestrecktes Wasserbecken, das von einem gedeckten Umgang gefasst ist. Die Bezeichnung *stoa poikile*, die dafür verwendet wurde, ist eigentlich irreführend, bezieht sie sich doch auf eine Wandelhalle an der Agora von Athen, in der sich die Stoiker trafen. Weder in Funktion noch Dimension lassen sich Verbindungen herstellen.

Das **Teatro Marittimo** war das Refugium des Kaisers. Auf diese kleine künstliche Insel, die aber mit jeglichem Luxus, wie unter anderem einer kleinen Therme, ausgestattet war, konnte er sich in Ruhe zurückziehen.

Eindrucksvoll und auch vom Namen mit einem wirklichen Werk verbunden, ist das **Tal des Canopus**. Hadrian hat diesen Verbindungskanal zwischen dem Nil und einem Serapis-Heiligtum bei Alexandria in Ägypten kennengelernt. Besondere Bedeutung hatte dieser Aufenthalt für ihn sicherlich auch, weil dabei sein Lustknabe und ständiger Begleiter Antinoos im Nil ertrunken war.

Das Wasserbecken seines Canopustals war von Säulen umstanden, dazwischen Kopien griechischer Meisterwerke wie die der Aphrodite von Knidos, Amazonen oder Karyatiden, wie er sie am Erechteion auf der Akropolis von Athen gesehen hatte. Selbst in diesem ruinösen Zustand, der Skulpturen und Mosaiken, der Malereien und Reliefs beraubt, kann man sich den einstigen Glanz gut vorstellen. Beim Gang durch die berühmtesten archäologischen Museen der Welt findet man unter der Rubrik »Herkunft« häufig den Begriff Villa Adriana.

Villa Adriana: Sommerfrische zu Füßen von Tivoli

Tivoli – Villa Adriana und Villa d'Este

Kaum weniger eindrucksvoll präsentiert sich die **Villa d'Este** ➡ bC8 im Zentrum von Tivoli. Schon in der Antike zog es namhafte Römer in das 230 Meter hoch gelegene Tibur, das heutige Tivoli, wovon die Villen von Maecenas, Marius und Cassius Zeugnis ablegen. Im frühen Mittelalter wurde über den Ruinen einer römischen Villa ein Benediktinerkonvent erbaut, aus dem nach dessen Auflassung schließlich die Villa d'Este hervorging.

Erfrischender Ausflug zu den Wasserspielen der Villa d'Este in Tivoli

Der heutige Eingang führt durch den Kreuzgang des ehemaligen Benediktinerklosters. Mitte des 16. Jahrhundert ließ Kardinal Ippolito II. d'Este, der Sohn von Lucrezia Borgia und Enkel von Papst Alexander VI., durch Pirro Ligorio sein Landhaus für die Sommerfrische an den Abhängen der Tiburtinischen Berge errichten. Von der Familie d'Este ging die Anlage in den Besitz der Habsburger über und wurde 1918 Eigentum des italienischen Staates.

Nach Jahrzehnten des Niedergangs wurden in den letzten Jahren mit Nachdruck Renovierungen durchgeführt, die einen Großteil der Villa wieder im ursprünglichen Glanz erstrahlen lassen. Seit 2001 ist die Villa d'Este Weltkulturerbe der UNESCO.

Zu Beginn des 16. Jahrhundert waren die ersten Räume des Goldenen Hauses von Nero wiederentdeckt worden. Die Malerei, die dabei ans Tageslicht kam, wurde stilprägend für eine ganze Epoche. Die Grotteskenmalerei, benannt nach den Grotten, in denen sie gefunden wurde, ziert auch die Säle der Villa d'Este. Die Taten des Herkules verweisen auf die Antike, während mit der schönen Galatea oder dem Göttermahl Werke von Raffael aus der Villa Farnesina des 16. Jahrhundert zitiert werden.

Hauptattraktion der Villa d'Este ist die einmalige **Gartenanlage** mit Dutzenden von Fontänen, Wasserfällen und Fischbecken, die sie zu einem Meilenstein der europäischen Gartenbaukunst werden ließen. Das Wasser stammt aus dem Fluss Aniene, der in Rom in den Tiber mündet. Der Brunnen Rometta verweist auf das antike Rom. Unter der Göttin *Dea Roma* stellt das Schiff mit einem Obelisken die Tiberinsel in Rom dar.

Über die ganze Hangbreite geleitet der **Viale delle Cento Fontane** (Allee der hundert Fontänen) zur Fontana dell'Ovato. Unter Pegasos, dem geflügelten Pferd der griechischen Mythologie, fällt im Halbrund das Wasser in ein Brunnenbecken. Bei der Fontana dell'Organo Idraulico (Brunnen der hydraulischen Orgel) lauschen die Statuen von Apoll und Orpheus der Musik der hydraulischen Orgel, die regelmäßig erklingt. Besonders an heißen Sommertagen ist der Besuch der Villa d'Este ein Hochgenuss, wenn durch die große Wasseroberfläche der kühlende Effekt einer Klimaanlage erzeugt wird.

Anreise: Metro Linie B bis Ponte Mammolo, dann mit dem Cotral-Bus »Via Tiburtina« bis zum Ortsteil von Tivoli/Villa Adriana. Von dort mit dem Linienbus bis zur Villa Adriana oder ca. 20 Minuten zu Fuß. Direkt zur Ausgrabungsstätte: von Ponte Mammolo mit dem Cotral-Bus »Via Prenestina« (verkehrt alle 1–2 Std.). Zur einige Kilometer entfernten Villa d'Este: Cotral-Bus »Via Tiburtina«. ■

★ Vista Points – Sehenswertes

Museen, Kirchen, Friedhöfe, Architektur und andere Sehenswürdigkeiten

Museen und Galerien

Casa (Museo) di Goethe ➜ C7
Via del Corso 18
Metro Linie A: Flaminio

✆ 06 32 65 04 12
www.casadigoethe.it
Tägl. außer Mo 10–18 Uhr, Einlass bis 17.30 Uhr, jeden So 11 Uhr kostenlose Führungen, Eintritt € 4/3

Öffnungszeiten/Eintrittspreise

Die Museen und Ausgrabungsstätten haben recht unterschiedliche Öffnungszeiten. Die meisten sind montags geschlossen, manche, vor allem kleinere Museen, haben immer nur vormittags geöffnet.

In allen staatlichen und den meisten übrigen Museen haben Besucher aus EU-Mitgliedsländern unter 18 und über 65 Jahren freien Eintritt. Jugendliche zwischen 18 und 25 Jahren zahlen 50 % weniger. Allerdings sollte man bedenken, dass man durch den Kauf eines Eintrittstickets auch zum Erhalt der Sehenswürdigkeit beiträgt. Den teuersten Eintritt zahlt man mit € 15 in den Vatikanischen Museen.

Für Kulturbeflissene lässt sich mit Sammeltickets einiges sparen. Es gibt verschiedene Varianten:
Roma Pass: Der Pass gilt drei Tage, kostet € 25 und beinhaltet – ohne anzustehen! – freien Eintritt zu den ersten beiden Ausgrabungen oder Museen. Für alle weiteren Eintritte gibt es einen Nachlass. Rund 40 Museen und archäologische Ausgrabungsstätten beteiligen sich an dem Projekt. Eingeschlossen ist die Nutzung des öffentlichen Nahverkehrs. Internet: www.romapass.it.
Roma & Più Pass: Der Pass hat die gleichen Nutzungsbedingungen wie der Roma Pass und gilt zusätzlich auch für die Provinz Rom. Der Pass kostet € 25 (derzeit nicht erhältlich).
Roma Archaeologia Card: Das Ticket gilt sieben Tage und ermöglicht freien Eintritt in folgende Museen und Ausgrabungen: alle Standorte des Museo Nazionale Romano, Kolosseum, Palatin, Caracallathermen, Grabmal der Caecilia Metella und Villa dei Quintili. Es kostet € 22/12 und ist an den Kassen der genannten Sehenswürdigkeiten erhältlich (mit Ausnahme der beiden Letztgenannten).
Appia Antica Card: Das Ticket gilt ebenfalls sieben Tage und berechtigt zum Besuch der Caracallathermen, des Grabmals der Caecilia Metella und der Villa dei Quintili. Es kostet € 6/3 und ist an den Kassen der genannten Sehenswürdigkeiten erhältlich.
Das Ticket **Museo Nazionale Romano** gilt drei Tage und ermöglicht freien Eintritt in alle Standorte des Museo Nazionale Romano. Es kostet € 10 (18–25 Jahre € 6,50) und ist jeweils an der Kasse erhältlich.
Mit der **Capitolini Card** kann man innerhalb von sieben Tagen die Kapitolinischen Museen und das Museo della Centrale Montemartini besuchen. Sie kostet € 10/9.

Marmorhand der Kolossalstatue Kaiser Konstantins im Cortile del Palazzo dei Conservatori △

Museen und Galerien

Kopie des bronzenen Reiterstandbildes Kaiser Marc Aurels in der Mitte des Kapitolsplatzes, das Original ist im Palazzo Nuovo zu bewundern

In den Jahren 1786–88 lebte Goethe während seines Romaufenthalts im ersten Stock des Hauses bei seinem Freund, dem Maler Wilhelm Tischbein. Das Museum erinnert mit zahlreichen Exponaten (u. a. einem original Goethe-Porträt von Andy Warhol) an die wohl glücklichste Zeit in seinem Leben und dient gleichzeitig dem deutsch-italienischen Kulturaustausch.

Galleria Doria Pamphilj ➡ F7
Via del Corso 305
Bus 64, 84, 70, 175
✆ 06 679 73 23
www.doriapamphilj.it
Tägl. 10–17 Uhr, Fei geschl.
Eintritt € 9,50/7
Noch immer in Familienbesitz präsentiert der Palazzo Doria Pamphilj eine herausragende Gemäldesammlung. Von einem Audioguide (im Eintrittspreis enthalten) geleitet, steht man staunend vor Werken von Raffael, Tintoretto, Tizian oder Caravaggio, die dicht beisammen die Wände wie eine Tapete verhüllen. Herausragend das direkte Nebeneinander von Berninis Büste und Velázquez' Gemälde von Papst Innozenz X.

Vista Points

Galleria Nazionale d'Arte Moderna (GNAM) ➡ A7
Viale delle Belle Arti 131
Tram 3
☏ 06 32 29 82 21
www.gnam.arti.beniculturali.it
Tägl. außer Mo 8.30–19.30 Uhr
Eintritt € 10/8
Die bedeutendste Sammlung italienischer Malerei und Skulptur des 19. und 20. Jh. hat ihren Sammlungsschwerpunkt in den Kunstströmungen des frühen 20. Jh. mit Werken des Futurismus und der *Pittura Metafisica* von Boccioni, Carrà und de Chirico.

❸ **Musei Capitolini (Kapitolinische Museen)** ➡ G8
Piazza del Campidoglio 1
Bus 64, 81, 84
www.museicapitolini.org
Tägl. außer Mo 9–20 Uhr, Fei geschl.
Eintritt € 6,50/4,50, bei Sonderausstellungen werden Zuschläge erhoben
In den von Michelangelo entworfenen Palazzi dei Conservatori und Nuovo zu beiden Seiten des Kapitolsplatzes wurden die Kapitolinischen Museen unter Papst Klemens XII. im Jahr 1734 als erstes öffentliches Museum der Welt eröffnet.

Gian Lorenzo Berninis marmornes »Medusenhaupt« (1630) in den Musei Capitolini

Höhepunkte einer der bedeutendsten Antikensammlungen der Welt sind die Kapitolinische Wölfin, bisher als Meisterwerk etruskischer Bronzegusstechnik angesehen, inzwischen von Experten ins Mittelalter datiert, und das Bronze-Reiterstandbild von Marc Aurel aus dem 2. Jh. Nach Aufstellungsorten auf dem Forum Romanum, in den Lateranpalästen und auf dem Kapitolsplatz ist das Original nun in einem ehemaligen Innenhof der Museen zu bewundern, während den Kapitolsplatz eine identische Bronzekopie ziert. Der Bedeutung dieses Reiterstandbildes spiegelt sich auch in der Verwendung als Rückseitenmotiv der italienischen 50-Cent-Münze wider.

Die zweite Etage des Palazzo di Conservatori beherbergt zudem eine bedeutende **Pinakothek** mit Werken von Tizian, Rubens und Caravaggio.

❿ **Musei Vaticani (Vatikanische Museen)** ➡ aA3/aB4
Viale Vaticano
Metro Linie A: Cipro-Musei Vaticani, www.vatican.va
Mo–Sa 9–18 Uhr, letzter Einlass 16 Uhr, Fei geschl., Eintritt € 15/8, letzter So im Monat 9–14 Uhr, letzter Einlass 12.30 Uhr, Eintritt frei
Momentan werden die Vatikanischen Museen im Schnitt von ca. 20 000 Menschen täglich besucht. Um nicht zu lange auf Einlass zu warten, empfiehlt es sich, zur Mittagszeit in die Museen zu gehen. Montags sind die Wartezeiten besonders lang, weil alle anderen Museen geschlossen sind.

Die Vatikanischen Museen gelten als die größte und bedeutendste Kunstsammlung der Welt. Auf einem 7 km langen Kunstparcours passiert man Exponate aus der Zeit des alten Ägypten, Griechenlands, der Etrusker und Römer, der Renaissance und des

Museen und Galerien

Im ältesten öffentlichen Museum der Welt, den Kapitolinischen Museen (Musei Capitolini)

Barock bis hin zu Werken moderner, zeitgenössischer Kunst. Für den Besuch ist es empfehlenswert, Schwerpunkte zu setzen.

Herausragende Werke der **Pinacoteca** stammen von Raffael, Leonardo da Vinci, Caravaggio, Giotto und Tizian. Im **Cortile del Belvedere** begeistert die Laokoongruppe. Über Jahrhunderte verschollen, tauchte die vielleicht berühmteste Skulpturengruppe der Antike erst zu Beginn des 16. Jh. wieder auf. Laokoons verzweifelter Kampf gegen die Seeschlangen und den Untergang Trojas hätte eindrucksvoller nicht dargestellt werden können. In den **Stanze di Raffaello** schlagen die farben- und erzählfreudigen Fresken von Raffael den Besucher in ihren Bann. Meisterhaft ist das Nebeneinander von historischen und zeitgenössischen Persönlichkeiten im Fresko »Schule von Athen« in der **Stanza della Signatura**.

Unvergleichbarer Höhepunkt ist natürlich die **Cappella Sistina** mit dem Freskenzyklus von Michelangelo. Mit mehr als 500 m² Fläche überspannt die »Schöpfungsgeschichte« die gesamte Sixtinische Kapelle. 1508–12 zauberte Michelangelo im Auftrag von Papst Julius II. diesen Freskenzyklus an die Decke. Die Altarwand mit der Darstellung des Angst einflößenden Jesus im »Jüngsten Gericht« schuf Michelangelo 1536–41 unter dem Pontifikat von Paul III.

Museo della Centrale Montemartini ➡ M7
Via Ostiense 106, Metro Linie B: Garbatella, ✆ 06 82 05 91 27
www.centralemontemartini.org
Tägl. außer Mo 9–19 Uhr, 1. Jan., 1. Mai, 25. Dez. geschl.
Eintritt € 4,50/2,50, bei Sonderausstellungen werden Zuschläge erhoben

Als vor der Jahrtausendwende die Kapitolinischen Museen wegen Renovierungsarbeiten geschlossen wurden, brachte man rund 400 antike Skulpturen in das ehemalige Elektrizitätswerk Montemartini. Was eigentlich als Übergangslösung geplant war, hat sich inzwischen zu einem festen Bestandteil der römischen Museumsumwelt entwickelt. So kann man auch heute noch fein gearbeitete antike Skulpturen, Mosaiken und Giebelfiguren zwischen den dunklen Turbinen und Motoren des E-Werks bewundern.

Vista Points

Museo e Galleria Borghese
→ B9
Piazzale del Museo Borghese 5
Bus 52,53, © 06 841 39 79
www.galleriaborghese.it
Tägl. außer Mo 8.30–19.30 Uhr, Einlass alle 2 Std., letzter Einlass 17 Uhr, Eintritt € 8,50/5,25 (inkl. Reservierungsgebühr)
Tickets müssen telefonisch (© 06 328 10) oder online (www.tickete ria.it) vorbestellt und 30 Min. vor der angegebenen Besuchszeit abgeholt werden.

Im Museum, im frühen 17. Jh. vom Papstneffen Scipione Borghese als Ausstellungspalast geplant, lassen sich nach umfangreichen Restaurierungen seit Ende der 1990er-Jahre wieder hochkarätige Kunstwerke aus Antike und Barock bestaunen. Sammlungsschwerpunkt im Erdgeschoss sind die Marmorskulpturen von Gian Lorenzo Bernini, der in Scipione Borghese einen seiner großen Förderer hatte.

Einmalig ist die Verwandlung von Daphne in einen Lorbeerbaum in der Skulpturengruppe »Apoll und Daphne« (1624). Hochkarätig und skandalumwittert Ca-

Die Verwandlung der Nymphe Daphne in einen Lorbeerbaum: Gian Lorenzo Berninis berühmte Marmorskulptur »Apoll und Daphne« (1622–25) in der Galleria Borghese

Museen und Galerien

novas nackte, liegende »Paolina Borghese« (1805) als Venus aus dem mythologischen Parisurteil, handelte es sich bei ihr schließlich um die Schwester von Napoleon Bonaparte. Wie Schlaglichter wirft Caravaggio seine Beleuchtung auf das Wesentliche seiner Gemälde. Seine große Kunstfertigkeit in der Wiedergabe von Blumen und Obst bewies er in den beiden Stillleben »Knabe mit dem Früchtekorb« und »Selbstporträt in Gestalt des Bacchus«.

Die **Pinacoteca** glänzt mit Raffaels »Grablegung Christi«, Tizians »Himmlische und irdische Liebe« und Selbstporträts von Bernini.

Correggios »Danae« (1530) im Museo e Galleria Borghese

Museo Nazionale Etrusco di Villa Giulia ➜ D2
Piazzale di Villa Giulia 9, Tram 19, 3
℡ 06 322 65 71
Tägl. außer Mo 8.30–19.30 Uhr, 1. Jan. und 25. Dez. geschl.
Eintritt € 4/2
In der einstigen Gartenvilla von Papst Julius III. aus der Mitte des 16. Jh. befindet sich eine der weltweit größten etruskischen Sammlungen. Neben den zahlreichen attisch-schwarzfigurigen und -rotfigurigen Vasen aus etruskischen Gräbern bilden der »Ehegattensarkophag« (um 530 v. Chr.) aus Cerveteri und der »Apoll von Veji« (6. Jh. v. Chr.) Höhepunkte des Museums.

Museo Nazionale Romano
Tägl. außer Mo 9–19.45 Uhr, 1. Jan. und 25. Dez. geschl.
Eintritt € 7/3,50, bei Ausstellungen Zuschlag € 3
Auf unterschiedliche Standorte in Rom verteilt findet man die antiken Schätze des Nationalmuseums:

– Palazzo Massimo alle Terme ➜ E10/11
Largo di Villa Peretti 1
Metro Linien A und B: Termini
℡ 06 39 96 77 00, www.pierreci.it

Komplett aus Bronze zeigt sich der Faustkämpfer (70 v. Chr.). Nur die Verletzungen und die Blutstropfen wurden in Kupfer eingelegt. Von einer unglaublichen Dynamik strotzt der Diskuswerfer Lancelotti eine Etage höher. Einzigartige Wandmalereien und Mosaiken des 1. Jh. v. Chr.– 5. Jh. n. Chr. erwarten den Besucher in der zweiten Etage.

– Palazzo Altemps ➜ E6
Piazza Sant'Apollinare 44
Bus 30, 70, 81, 87, 116, 492
Aus der Sammlung Ludovisi stammen der »Ludovische Thron« mit der schaumgeborenen Aphrodite, ein Frühwerk der griechischen Klassik, und der »Ludovisische Sarkophag« (3. Jh. n. Chr.) mit einer Schlachtendarstellung zwischen Römern und Barbaren. Die Skulpturengruppe »Der Gallier und sein Weib« zeigt, wie ein Gallier, um nicht in pergamenische Gefangenschaft zu geraten, zunächst seine Frau und danach sich selbst mit einem Dolch tötet.

– Crypta Balbi ➜ G7
Via delle Botteghe Oscure 31
Tram 8, Bus H, 40, 62, 70, 81, 87
Anhand einer Vielzahl von Exponaten und Grabungsschichten wird in der Crypta Balbi die Veränderung eines Stadtviertels von antiken Hallen und Verkaufsständen über mittelalterliche Handwerkerläden sowie Klosteranlagen bis in die Neuzeit dargestellt.

Vista Points

– Terme di Diocleziano
➡ D/E10/11
Viale Enrico de Nicola 78
Metro Linien A und B: Termini
Die Ausstellung in den antiken Diokletiansthermen widmet sich ganz den römischen Inschriften.

Vatikanische Museen
Vgl. S. 30 f.

Kirchen, Katakomben und Friedhöfe

Die »Pietà« von Michelangelo im rechten Seitenschiff von St. Peter

❾ Basilica di San Pietro in Vaticano (Peterskirche) aC3/4
Piazza San Pietro
Metro Linie A: Ottaviano-San Pietro
✆ 06 69 88 34 62
Im Sommer tägl. 7–19, im Winter tägl. 7–18.30 Uhr
Eintritt frei, Einlass nur in angemessener Kleidung!
Kuppel: April–Sept. 8–18, Okt.–März 8–17 Uhr, während der Papstmesse am Mi und bei Sonderterminen nur begrenzter Zugang, Eingang rechts vor der Kirche über die Treppe (€ 5) oder mit dem Aufzug (€ 7)
Im Auftrag von Papst Julius II. begann der Baumeister Bramante mit dem Neubau von St. Peter, der den baufälligen Vorgängerbau noch aus der Zeit von Kaiser Konstantin (4. Jh.) ersetzen sollte. Im Laufe der Zeit wechselten neben den Päpsten auch die Leiter der Bauhütte von St. Peter. Neben Bramante hinterließ vor allem Michelangelo mit dem Bau der Vierung und der Kuppelplanung seine Handschrift.

Bernini, dem die Ausführung zweier Glockentürme oblag (die niemals gebaut wurden), begegnet dem Besucher vor allem in der Innengestaltung der Kirche. Von

Vom Ponte Umberto I lassen sich Engelsbrücke und Petersdom zusammen ablichten

Kirchen, Katakomben und Friedhöfe

Epochale Meisterwerke: Mit seinen Decken- und Wandfresken in der Sixtina interpretierte Michelangelo Buonarroti die »Genesis« und das »Jüngste Gericht« völlig neu

Bienen verziert, den Wappentieren von Papst Urban VIII., thront der Baldachin 27 m hoch über dem Hauptaltar. Die Bronze dafür stammt aus der antiken Vorhalle des Pantheons. Für Papst Alexander VII. schuf Bernini dessen Grabmal mit dem schamhaften Tod, der sich unter dem schweren Tuch zu verbergen sucht, im linken Seitenschiff.

Als einziges gotisches Kunstwerk in St. Peter präsentiert sich die bronzene Sitzstatue von Petrus im Mittelschiff. Arnolfo da Cambio schuf sie für das erste Heilige Jahr im Jahr 1300. Einmalig ist die »Pietà« von Michelangelo im rechten Seitenschiff mit der zeitlosen Schönheit Mariens.

Cappella Sistina (Sixtinische Kapelle)
Nur über die Musei Vaticani zu besichtigen, vgl. S. 30 f.

Catacombe (Katakomben)
Die verschiedenen Katakomben liegen entlang der Konsularstraßen des alten Roms. Die meisten an der Via Appia. Sie dienten als unterirdische Grabstätten, waren aber niemals Zufluchtsort für verfolgte Christen. Über die Jahrhunderte ist ein weit verzweigtes System von Katakombengängen, teilweise in mehreren Etagen übereinander, entstanden. Grundsätzlich dürfen die Katakomben nicht alleine besucht werden, sondern nur im Rahmen von vor Ort angebotenen Führungen (u. a. auch in deutscher Sprache).

Die Katakomben haben mit Ausnahme des jeweiligen Ruhetags von 9–12 und 14–17 Uhr geöffnet. Der Eintritt beträgt € 8/5.

– Catacombe di S. Priscilla (Priscilla-Katakomben) ➔ A11
Via Salaria 430, Bus 63, 92
✆ 06 86 20 62 72
Mo und Jan. geschl.

– Catacombe di S. Callisto (Kalixtus-Katakomben) ➔ bE5/6
Via Appia Antica 110/126, Bus 218
✆ 06 51 30 15 80, www.catacombe.roma.it, Mi und Feb. geschl.

– Catacombe di S. Sebastiano (Sebastian-Katakomben)

Vista Points

Via Appia Antica 136, Bus 218
℃ 06 788 70 35
www.catacombe.org, So und vom
10. Nov.–10. Dez. geschl.

**– Catacombe di S. Domitilla
(Domitilla-Katakomben)**
Via delle Sette Chiese 280/282
Bus 218
℃ 06 511 03 42, Di und Jan. geschl.

– Catacombe di S. Agnese
Via Nomentana 349, Bus 84
℃ 06 861 08 40, So vormittags und
Mo nachmittags geschl.

Cimitero Acattolico ➡ M7
(Friedhof für alle Nicht-Katholiken)
Via Caio Cestio 6
Metro Linie B: Piramide
℃ 06 57 41 900
www.protestantcemetery.it
Mo–Sa 9–17, So 9–13 Uhr
Eintritt frei, Spende von € 2 wird erwartet
Im 18. Jh. als Friedhof für alle Nicht-Katholiken entstanden, bildet er heute eine Oase der Ruhe im geschäftigen Treiben rund um die Piazza di Porta S. Paolo. Neben den englischen Dichtern Keats und Shelley ruhen auf dem Cimitero Acattolico auch Goethes Sohn Julius August und der Gründer der Kommunistischen Partei Italiens Antonio Gramsci.

San Giovanni in Laterano ➡ J12
Piazza S. Giovanni in Laterano 4
Metro Linie A: S. Giovanni
℃ 06 69 88 64 33
Tägl. 7–19 Uhr, Eintritt frei
Von Kaiser Konstantin im frühen 4. Jh. n. Chr. gegründet, war S. Giovanni in Laterano mit den angrenzenden Lateranpalästen bis zum Exil von Avignon im 14. Jh. der Sitz des Papstes und ist bis heute Bischofssitz von Rom. Die amtierenden Päpste sind gleichzeitig auch Bischöfe von Rom, üben dieses Amt aber nur durch einen Stellvertreter aus.

Durch die monumentale Fassade des 18. Jh. erreicht man im Mittelportal die antike Bronzeeingangstür der Kurie auf dem Forum Romanum. Der fünfschiffige Innenraum ist geprägt von Umbauten des Architekten Borromini gegen Mitte des 17. Jh. Die über 4 m großen Apostelfiguren stammen von Bernini-Schülern.

Im marmorverkleideten **Hauptaltar** soll sich der hölzerne Altar befinden, an dem von Petrus bis Papst Silvester I., unter dem Konstantin die Kirche baute, alle Päps-

*»Haupt und Mutter aller Kirchen der Stadt (Rom) und des Erdkreises«
(Caput et Mater ecclesiarum Urbis et Orbis): die mächtige Hauptfassade
von San Giovanni in Laterano*

Kirchen, Katakomben und Friedhöfe

Unter Kaiser Konstantin dem Großen entstand im 4. Jahrhundert die prachtvolle Basilika San Paolo fuori le Mura

te die Messe zelebrierten. Das Apsismosaik mit der Darstellung des Gemmenkreuzes und den Paradiesflüssen darunter stammt aus dem späten 13. Jh.

Vom linken Seitenschiff lohnt sich der Besuch des **Kreuzgangs**, einem der schönsten in Rom. Über den Ausgang im rechten Querhausarm gelangt man zum achteckigen **Baptisterium** (Taufgebäude) aus konstantinischer Zeit und zum größten und ältesten ägyptischen Obelisken in Rom.

Im Gebäude rechts der Hauptfassade von S. Giovanni in Laterano befindet sich die **Scala Santa** (heilige Treppe). 28 Stufen, mit Marmor verkleidet, schützen eine hölzerne Treppe, auf der Jesus zu Pontius Pilatus gestiegen sein soll.

San Lorenzo fuori le Mura ➜ E15
Piazzale del Verano 3
Tram 3
✆ 06 49 15 11
Tägl. 8–12 und 16–18.30 Uhr
Durch die Zusammenlegung mit einer Marienkirche erfuhr der konstantinische Gründungsbau die Erweiterung um das heutige Langhaus. Aus dem 6. Jh. stammt das Mosaik des Triumphbogens mit Christus als Weltenherrscher. Lohnend ist ebenfalls der Besuch des Kreuzgangs aus dem 12. Jh.

San Paolo fuori le Mura ➜ M7
Via Ostiense 186
Metro Linie B: Basilica S. Paolo
✆ 06 69 88 08 00
Tägl. 7–18.30 Uhr
Über dem Grab des Apostels Paulus errichtet, ist die heutige Kirche nach einem Großbrand 1823 originalgetreu wieder aufgebaut worden. Erhalten blieben der sehenswerte romanische Kreuzgang, im 13. Jh. von der Künstlerfamilie Vassalletto gestaltet, das gotische Altarziborium von Arnolfo da Cambio (Ende 13. Jh.), der 5,60 m hohe romanische Osterleuchter (ebenfalls von Vassalletto) und die Bronzetüren mit Szenen des Alten und Neuen Testaments (1070).

Die Mosaiken der Apsis (13. Jh.) mit dem segnenden Jesus Christus wurden stark überarbeitet. In Mosaikmedaillons findet man in den Kirchenschiffen umlaufend die Darstellungen sämtlicher 265 Päpste von Petrus bis zum amtierenden Benedikt XVI.

Santa Croce in Gerusalemme
➜ H14
Piazza S. Croce in Gerusalemme 12
Tram 3
✆ 06 70 61 30 53
www.basilicasantacroce.com
Tägl. 7.30–12.45, 15.30-19.45 Uhr
Die Kirche wurde unter Kaiser

Konstantin im 4. Jh. errichtet, ihr heutiges Aussehen geht jedoch auf das 18. Jh. zurück. Sie gehört zu den sieben Pilgerkirchen Roms und hütet zahlreiche bedeutende Reliquien. In einer Glasvitrine liegen die Kreuzreliquie mit einem Nagel des Kreuzes, ein Finger des ungläubigen Thomas und ein Stück vom Essigschwamm.

Santa Maria del Popolo ➡ B/C6
Piazza del Popolo 12
Metro Linie A: Flaminio
Tägl. 7.30–12 und 16–19 Uhr
Den ersten Kirchenbau des 11. Jh. gestaltete Papst Sixtus IV. ab 1472 als Grablege für seine Familie Della Rovere um. Im 17. Jh. erfolgten dann Veränderungen im Auftrag von Alexander VII. durch Bernini. Mit den Fresken von Pinturicchio (1485/89), der »Kreuzigung des Petrus« (1600/01) und der »Bekehrung des Paulus« (1600/01) von Caravaggio sowie den Skulpturen »Daniel in der Löwengrube« (1657) und »Habakuk« (1661) von Bernini beherbergt die Kirche Kleinode der Kunstgeschichte.

Santa Maria della Vittoria ➡ D10
Via XX. Settembre 17
Metro Linien A und B: Termini
Tägl. 9–12 und 15.30–18 Uhr
Anfang des 17. Jh. im Auftrag von Kardinal S. Borghese von Maderno erbaut, verdankt die Kirche ihren Namen einem Madonnenbild, das im Dreißigjährigen Krieg den Katholiken den Sieg am Weißen Berg bei Prag gebracht haben soll. Besuchermagnet ist die **Cappella Cornaro** mit der »Verzückung der Hl. Theresa von Avila« (1645–52) von Bernini. Mit einem dämonischen Gesichtsausdruck beugt sich ein Engel mit dem Pfeil der göttlichen Liebe über die hingestreckte Heilige mit einem wahrlich verzückten Ausdruck auf den Lippen.

Santa Maria in Trastevere ➡ H5
Piazza S. Maria in Trastevere
Tram 8, Bus H, 23, 280
Tägl. 7–19 Uhr
Zwar wurde S. Maria in Trastevere als älteste Marienkirche Roms bereits im 4. Jh. gegründet, doch erfolgten immer wieder Umbauten. Glockenturm und Außenmosaik stammen aus dem 12. Jh., während der Portikus im Barockzeitalter hinzugefügt wurde. Von unterschiedlichen Dimensionen präsentieren sich die Säulen in Inneren, die aus den antiken Ca-

Dramatische Ausleuchtung: Michelangelo Caravaggios großartige Gemälde in der Cerasi-Kapelle von Santa Maria del Popolo – »Bekehrung des Paulus« (links) und »Die Kreuzigung des Petrus« (1600/01)

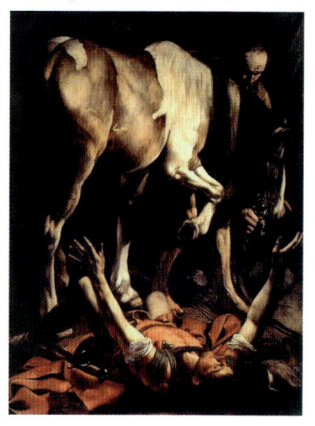

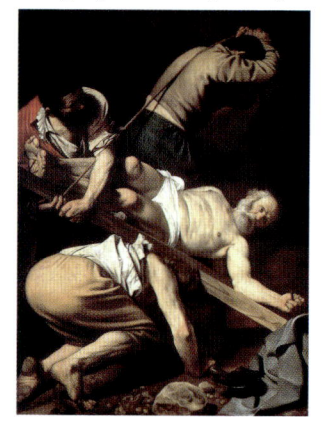

Kirchen, Katakomben und Friedhöfe

Blick in die Krypta der »Basilica Papale« Santa Maria Maggiore

racallathermen stammen. Kleinod der Kirche sind die Mosaiken der Apsis. Während die oberen mit Christus und Maria auf einem Thron noch flächig sind und dem 12. Jh. entstammen, zeigen sich die Figuren in den Mosaiken aus dem Leben von Maria von Cavallini im unteren Teil bereits wesentlich lebendiger (1291).

Santa Maria Maggiore
➡ F10/11
Piazza S. Maria Maggiore
Metro Linien A und B: Termini
📞 06 69 88 68 00, tägl. 7–19 Uhr
Der Legende zufolge verdankt S. Maria Maggiore ihre Existenz einem Wunder. An der Stelle, wo Papst Liberius am 6. August 358 Schnee fand, ließ er die Kirche erbauen. Den Namenszusatz Maggiore erhielt sie, da sie die größte von 80 Marienkirchen in Rom ist. Das heutige Aussehen der Kirche ist geprägt durch zahlreiche Umbauten. So wurde der 75 m hoch aufragende Glockenturm anlässlich der Rückkehr des Papstes aus dem Exil von Avignon gegen Ende des 14. Jh. errichtet. Die monumentale Eingangshalle stammt aus dem 18. Jh. und verstellt den Blick auf goldgrundige Mosaiken aus dem 13. Jh. Als eine der Patriarchalbasiliken Roms hat auch S. Maria Maggiore eine Heilige Pforte, die nur alle 25 Jahre anlässlich des Heiligen Jahres geöffnet wird (in der Vorhalle ganz links).

Der dreischiffige Innenraum gibt von allen großen Basiliken Roms am besten das frühchristliche Aussehen wieder. Die hölzerne Kassettendecke (um 1500) ließ Papst Alexander VI. mit dem ersten Gold, das Kolumbus aus Amerika mitgebracht hatte, vergolden. Die Mosaiken unter den Fenstern des Mittelschiffs stammen ebenso wie die des Triumphbogens aus der Zeit von Papst Sixtus III. (5. Jh.). Stationen aus dem Marienleben beschreiben die Mosaiken in der Chorapsis des 13. Jh. Die Porphyrsäulen des Baldachins über dem Hauptaltar stammen aus der Hadriansvilla bei Tivoli.

Barock seine Bauten, schlicht sein Grab: Rechts vom Chor befindet sich die Grablege von Gian Lorenzo Bernini, dem großen Barockkünstler, der mit zahlreichen Bauten des 17. Jh. auch das heutige Aussehen Roms mitprägte. Sehenswert sind auch die prächtig ausgestattete Paolinische und die Sixtinische Kapelle (nicht zu verwechseln mit der viel berühmteren in den Vatikanischen Museen) mit den Grablegen von Papst Paul V. und Sixtus V.

Vista Points

Architektur und andere Sehenswürdigkeiten

Ara Pacis Augustae (Friedensaltar des Augustus) ➡ D6
Lungotevere in Augusta
Metro Linie A: Spagna
☏ 06 82 05 91 27
www.arapacis.it
Tägl. außer Mo 9–19, 24. und 31. Dez. 9–14 Uhr
Eintritt € 6,50/4,50, bei Sonderausstellungen werden Zuschläge erhoben
Die Ara Pacis (Friedensaltar, 9 v. Chr. eingeweiht) gedenkt Kaiser Augustus, der den römischen Bürgerkriegen ein Ende gesetzt hatte. Marmorne Reliefplatten verherrlichen mit Opferzügen der kaiserlichen Familie, von Priesterschaften und Senatoren Kaiser Augustus als den großen Stifter des Römischen Friedens (*Pax Romana*). Bei der jüngsten Neugestaltung des Museums griff der New Yorker Stararchitekt Richard Meier auf den traditionellen Baustein Travertin zurück. Lichtdurchflutet dient sein Bau nur als moderne Hülle für das antike Kunstwerk, ohne zu viel Aufmerksamkeit auf dieses Meisterwerk der Moderne zu lenken.

Bocca della Verità ➡ H7
Piazza Bocca della Verità 18
Metro Linie B: Circo Massimo

»Bocca della Verità«

Tägl. 9.30–15.50 Uhr
In der Vorhalle der Kirche S. Maria in Cosmedin hängt der berühmte »Mund der Wahrheit«. Die Legende erzählt, wer seine Hand in den geöffneten Mund der antiken Brunnenmaske steckt und gelogen hat, dem wird diese abgebissen. Wunderbar dargestellt auch im Film »Ein Herz und eine Krone« mit Gregory Peck und Audrey Hepburn. So lange wie die Schlange der Wartenden vor dem Mund ist, gibt es scheinbar nur noch ehrliche Menschen.

Campo de' Fiori ➡ F/G 5/6
Bus 40, 62, 64, 116
Farbenprächtig präsentiert sich vormittags (Mo–Sa 7–13.30 Uhr) der berühmteste und schönste Markt Roms. Zu Füßen der Statue von Giordano Bruno, einem Dominikanermönch, der im Heiligen Jahr 1600 der römischen Inquisition zum Opfer gefallen war, werden Obst und Gemüse, Fisch und Gewürze verkauft. Wenn dann am Nachmittag der Markt verschwunden ist, öffnen immer mehr Cafés, Bars und Enoteche. Bis spät in die Nacht wird in und vor den Lokalen lautstark diskutiert und getrunken, nicht immer zur uneingeschränkten Freude der Anwohner.

Castel Sant'Angelo (Engelsburg)
➡ D/E 4/5
Lungotevere di Castello 50
Bus 23, 40, 62, 64, 280
☏ 06 68 19 111
www.pierreci.it
Tägl. außer Mo 9–19.30 Uhr, 1. Jan. und 25. Dez. geschl.
Eintritt € 5/3, bei Sonderausstellungen werden Zuschläge erhoben (bis zu € 5)
In den Jahren 133/134 n. Chr. als Mausoleum für den römischen Kaiser Hadrian erbaut, verdankt die Engelsburg ihren heutigen Namen dem Erscheinen des Erzengels Michael. Als in Rom 590 eine Pestepidemie wütete, sah

Architektur und andere Sehenswürdigkeiten

Engelsburg und Engelsbrücke aus der Froschperspektive: Lange galt die Engelsbrücke als die schönste Brücke der Welt

Papst Gregor der Große im Verlauf einer Bußprozession auf dem Hadriansmausoleum den Erzengel Michael, wie er sein Schwert in die Schwertscheide zurückschob – die Pest fand ihr Ende. Nach dem Exil von Avignon als Fluchtburg des Papstes umgebaut, über einen Laufgang mit dem Vatikan verbunden und prunkvoll ausgestattet, diente sie dennoch auch als Kerker. Die Terrasse unterhalb des Engels bietet einen hervorragenden Ausblick.

❽ Colosseo (Kolosseum) ➡ H9
Piazza del Colosseo
Metro Linie B: Colosseo
☏ 06 39 96 77 00, Onlinebuchungen unter www.pierreci.it
Tägl. 9 Uhr bis 1 Std. vor Sonnenuntergang, spätestens bis 19.15 Uhr Obligat. Kombiticket gültig für einen einmaligen Eintritt innerhalb von zwei Tagen in Kolosseum, Forum Romanum und Palatino € 12/7,50, bei Ausstellungen werden Zuschläge erhoben, Audioguide € 4,50, Videoguide € 5,50

Wo sich unter Kaiser Nero ein See erstreckte, an dessen Ufern Flamingos spazieren gingen, entstand unter Kaiser Vespasian ab 72 n. Chr. das größte Amphiteater der römischen Welt. Seinen gängigen Namen Kolosseum verdankt es einer kolossalen Statue von Kaiser Nero in unmittelbarer Nähe. Aus dem Koloss wurde das Kolosseum. 76 nummerierte Eingänge standen den rund 50 000 Besuchern zur Verfügung, damit diese möglichst schnell an ihren Platz gelangen konnten. Die Ränge waren nach Geschlecht und Hierarchie eingeteilt. Der Arena am nächsten hatten Kaiser, Senatoren und Priesterschaften die besten Plätze, im Rang darüber folgten dann Männer, Frauen und schließlich die Sklaven.

Im Schatten gewaltiger Sonnensegel, die von oben umlaufenden Masten gehalten wurden, erfreute sich das Volk den ganzen Tag an Tierpräsentationen, Tierhatzen und Gladiatorenspielen. Im Unterbau der Arena befanden sich Tierkäfige, Aufzugssysteme und Vorratsräume. Als einziges Bauwerk in Europa fand das Kolosseum im Juli 2007 Eingang in die neuen »sieben Weltwunder«.

❻ Fontana di Trevi ➡ E8
Piazza di Trevi
Bus 71, 80, 95, 116, 119, 175
Vor die Kulisse eines stilisierten Triumphbogens stellte Nicola Salvi im 18. Jh. Okeanos als den Herrscher über das Wasser. In Fellinis »La Dolce Vita« planschte Anita Ekberg unter Marcello Mastroiannis Augen in den Flu-

Vista Points

ten des berühmtesten römischen Brunnens. Der Faszination der Fontana di Trevi, eingebettet ins Häusermeer, kann sich auch heute niemand entziehen. Tausende von Rombesuchern aus aller Welt werfen Münzen über ihre Schulter in den Brunnen, um sich damit die legendäre glückliche Rückkehr nach Rom zu sichern.

Foro e Mercati di Traiano ➜ F/G8 (Trajansforum und -märkte)
Via IV. Novembre 94, Bus 40, 64, 70
www.mercatiditraiano.it
Tägl. außer Mo 9–19 Uhr, 1. Jan., 1. Mai und 25. Dez. geschl.
Eintritt € 6,50/4,50

Im Auftrag von Kaiser Trajan entstand nach Plänen des Architekten Apollodorus von Damaskus zwischen 107 und 113 n. Chr. das Trajansforum. Zwischen Caesar- und Augustusforum gelegen, umfasste das größte und schönste der Kaiserforen neben einer von Säulengängen umgebenen, freien Versammlungsfläche einen gewaltigen Hallenbau (Basilica Ulpia), zwei Bibliotheken und die Trajanssäule. Die Säule ziert ohne bekannte Vorbilder ein ca. 200 m langes Reliefband mit den Darstellungen trajanischer Kriege gegen die Daker.

Die angrenzenden Trajansmärkte boten für rund 150 Geschäfte Platz und dienten u. a. der Verteilung von Geschenken des Kaisers an Arme und Bedürftige.

❷ Foro Romano (Forum Romanum) ➜ G/H 8/9
Largo della Salara Vecchia 5/6
Metro Linie B: Colosseo
Eingänge: Largo della Salara Vecchia 5/6 und (über den Palatin) an der Via S. Gregorio, Ausgänge auch am Titusbogen und am Ende der Via Sacra zum Kapitol
℅ 06 39 96 77 00
www.pierreci.it
Im Sommer tägl. 8.30–19.15, im Winter 8.30–16.30 Uhr, Obligat. Kombiticket gültig für einen einmaligen Eintritt innerhalb von zwei Tagen in Forum Romanum und Palatin sowie Kolosseum € 12/7,50. Bei Ausstellungen werden Zuschläge erhoben. Forum Romanum und Palatin müssen zusammen besichtigt werden.

Zwischen den klassischen römischen Hügeln ❸ **Kapitol**, ❶ **Palatin**, **Esquilin** und **Quirinal** erstreckt sich das Forum Romanum. Mit dem Bau der *Cloaca Maxima*, des Hauptabwasserkanals, im 6. Jh. v. Chr. wurde im Verlauf der Jahrhunderte aus einer Sumpflandschaft allmählich das Zentrum des römischen Weltreichs. Die weitläufigen **Basiliken** dienten, wie heutige Markthallen, dem Handel

Antiker Vorläufer moderner Shopping Malls: die Trajansmärkte, überragt vom Festungsturm Torre delle Milizie aus dem 13. Jahrhundert

Architektur und andere Sehenswürdigkeiten

Das Denkmal für Vittorio Emanuele II an der Piazza Venezia

(Basilica Aemilia) oder waren der Gerichtsbarkeit vorbehalten (Basilica Iulia, Basilica di Massenzio). Im hoch aufragenden Ziegelgebäude der **Kurie** (Curia) entschieden die Senatoren über das Wohl Roms. Caesar wurde übrigens nicht hier, sondern in der Nähe des heutigen Campo de' Fiori ermordet, weil die Kurie damals abgebrannt war.

Die **Tempel** dienten der Verehrung von Göttern (Saturn- und Concordiatempel), Halbgöttern (Dioskurentempel) oder vergöttlichten Kaisern (Caesar-, Vespasians- und Antoninus-Pius-Faustina-Tempel). Die kultischen Zeremonien fanden jedoch im Unterschied zu christlichen Kirchen nicht im Tempel, sondern vor diesem statt. Viele Tempel sind heute nicht gut erhalten, weil sie in der Folgezeit in Kirchen umgewandelt wurden (Antoninus-Pius-Faustina-Tempel), Gleiches gilt auch für die Kurie.

Die militärische Stärke Roms propagierten die **Triumphbögen** (Titus- und Septimius-Severus-Bogen sowie Konstantinsbogen außerhalb des Forums), auf denen die Siege der römischen Legionen verherrlicht wurden. Die Triumphzüge selbst führten über die Via Sacra, die sich zwischen Titusbogen und Kapitolshügel erstreckte. Von der Rednerbühne (Rostra) konnten Ansprachen ans Volk gehalten werden, das sich auf dem eigentlichen Forumsplatz versammelte.

Es gab allerdings auch Bauten, die einen rein symbolischen Zweck erfüllten. Der **Umbilicus Urbis Romae** neben dem Septimius-Severus-Bogen stellt den Nabel der römischen Welt dar und ist vergleichbar mit dem Omphalos in Delphi. Das Forum Romanum diente als politisches, wirtschaftliches und kultisches Zentrum Roms und der gesamten römischen Welt.

Monumento Nazionale a Vittorio Emanuele II ➜ G7/8
Piazza Venezia
Bus 30, 40, 64, 62, 84
☏ 06 699 17 18
Tägl. 9.30–16.30 Uhr, Eintritt frei
Das »Gebiss« oder die »Schreibmaschine«, wie das gegen Ende des 19. Jh. erbaute Denkmal für den ersten König des geeinten Italiens Vittorio Emanuele II. genannt wird, beherbergt das **Museo Risorgimento** (Museum der Einigung, tägl. 9.30–18 Uhr, 1. Mo im Monat geschl.) und den Altar für den unbekannten Soldaten. Die oberen Terrassen bieten eine gute Aussicht auf das römische Häusermeer, an der Rückseite des Vittoriano kann man mit dem Aufzug (€ 7/3,50) auch ganz nach oben fahren (Mo–Do 9.30–18.30, Fr–So bis 19.30 Uhr).

Vista Points

❺ Pantheon/Santa Maria ad Martyres ➜ F6
Piazza della Rotonda, Bus 116
✆ 06 68 30 02 30
Mo–Sa 8.30–19.30, So 9–18, Fei 9–13 Uhr, 1. Jan., 1. Mai und 25. Dez. geschl., Eintritt frei

Eine der Hauptattraktionen des antiken Roms schlägt noch heute jeden Besucher in seinen Bann. Von Marcus Agrippa, dem Schwiegersohn von Kaiser Augustus, begonnen, erhielt das Pantheon im 2. Jh. n. Chr. unter Kaiser Hadrian sein heutiges Aussehen. Der größte Hallenbau der Antike, mit 43,30 m Höhe wie Durchmesser, war nicht, wie sein Name vermuten ließe, allen Göttern, sondern nur den sieben planetarischen Göttern geweiht. Seinen guten Erhaltungszustand verdankt es der Umwandlung in eine Kirche 609 n. Chr. Neben den Gräbern der italienischen Könige Vittorio Emanuele II. und Umberto I. ruht in einem antik-römischen Sarkophag der große Renaissancekünstler Raffael, der im Jahr 1520 nur 36-jährig gestorben war.

❻ Piazza del Popolo ➜ C6
Metro Linie A: Flaminio
Der klassizistische Platz verdankt seine heutige Gestalt dem Architekten Valadier (1815). Im Schnittpunkt des Dreistrahls Via del Babuino, Via del Corso und Via di Ripetta wurde 1589 von Fontana im Auftrag von Papst Sixtus V. der aus Heliopolis in Ägypten stammende Obelisk aufgestellt. Auf Papst Alexander VII. gehen die Neugestaltung der Porta del Popolo, des Stadttores in der Aurelianischen Stadtmauer, der Bau der Zwillingskirchen S. Maria dei Miracoli und S. Maria in Montesanto zwischen dem Straßenstern und die Renovierung von S. Maria del Popolo zurück.

❼ Piazza di Spagna ➜ D7/8
Metro Linie A: Spagna
An der Piazza di Spagna erhebt sich mit der Spanischen Treppe einer der Treffpunkte Roms schlechthin. Zu Hunderten sitzen Römer wie Touristen auf den Stufen der berühmten Treppe, flirten, plaudern oder genießen einfach ihren Aufenthalt in Rom. Französische Pläne zum Bau einer Treppe, um die Kirche SS. Trinità dei Monti zu erschließen, scheiterten zunächst am päpstlichen Widerstand. Und so entstand die heutige Treppe dann ab 1723

Innen einfach gigantisch: Blick in die Kuppel des Pantheon, das einzig durch eine große runde Öffnung im Scheitel der Kuppel erhellt wird

Architektur und andere Sehenswürdigkeiten

Marmorne Löwen und Brunnen rahmen den Obelisken im Zentrum der Piazza del Popolo, im Hintergrund die Chiesa Santa Maria in Montesanto

nach päpstlichen Plänen. Dort, wo heute der Obeslik zwischen Treppe und Kirche steht, hätte sich eigentlich gerne der Sonnenkönig Ludwig XIV. mit einem Reiterstandbild verewigt. Ihren Namen »Spanische Treppe« verdankt sie der Nähe der spanischen Botschaft beim Heiligen Stuhl.

Der Barcaccia-Brunnen zu Füßen der Treppe entstand im frühen 17. Jh. durch Pietro und Gian Lorenzo Bernini und erinnert in seiner Form an ein altes Tiberschiff, das bei einem fürchterlichen Tiberhochwasser Ende des 16. Jh. hier angeschwemmt worden sein soll.

❹ Piazza Navona ➧ F6
Bus 30, 70, 81, 116

Der Platz der römischen Plätze. Immer voller Leben, immer anders und immer schön. Seine Form verdankt er dem antiken Stadion des Domitian (2. Hälfte 1. Jh. n. Chr.). Wo einst die Arena war, befindet sich heute der Platz (allerdings einige Meter darüber), und wo die Sitzränge waren, erheben sich heute die Gebäude, die den Platz fassen. Im Zentrum der berühmte Vier-Ströme-Brunnen (Fontana dei Fiumi) von Bernini. Den Auftrag verdankte er einer kleinen List. Als es um die Vergabe des Brunnenbaus ging, machte Bernini das Silbermodell seines Brunnens der Papstschwägerin Donna Olimpia zum Geschenk. So bekam es auch Papst Innozenz X. zu Gesicht und Bernini erhielt den Auftrag. Vier Ströme in Form von vier Männergestalten symbolisieren die vier damals bekannten Kontinente.

Terme di Caracalla (Caracallathermen) ➧ K/L9/10
Viale delle Terme di Caracalla 52
Metro Linie A: Circo Massimo
✆ 06 39 96 77 00
www.pierreci.it
Mo 9–14, Di–So 9 Uhr bis 1 Std. vor Sonnenuntergang, 1. Jan. und 25. Dez. geschl., Obligat. Kombiticket Appia Antica Card € 6/3

Mit einer Grundfläche von mehr als 10 000 m² waren die 212 von Kaiser Caracalla in Auftrag gegebenen Thermen in der Lage, mehrere Tausend Menschen täglich aufzunehmen. Neben der klassischen Abfolge von Caldarium, Tepidarium und Frigidarium und

Vista Points

den jeweils damit verbundenen Räumlichkeiten finden wir bei den Caracallathermen auch das größte Mithrasheiligtum Roms. Bis ins 6. Jh. in Betrieb, setzte der Verfall ein, als durch den Goteneinfall die Wasserversorgung unterbrochen wurde. Erdbeben und Jahrhunderte von Plünderungen verwandelten die ehemaligen Bäder in eine majestätische Ruinenlandschaft, die jährlich als Kulisse für Opernaufführungen dient.

Via Appia Antica ➡ bE5/6
– Tomba di Cecilia Metella
(Grabmal der Cecilia Metella)
Via Appia Antica 161
Bus 218
✆ 06 39 96 77 00
www.pierreci.it
Tägl. außer Mo 9 Uhr bis 1 Std. vor Sonnenuntergang, 1. Jan. und 25. Dez. geschl., Obligat. Kombiticket Appia Antica Card € 6/3
Unter Kaiser Augustus wurde dieses Grabmal von einem Konsul für seine Tochter Cecilia Metella errichtet. Auf einer quadratischen Basis erhob sich ein runder Grabturm. 1303 wurde das Mausoleum dann als Turm in die Festung der Caetani (Castrum Caetani) miteinbezogen.

Stier-Mosaik in den Caracallathermen

– Circo di Massenzio
Via Appia Antica 153, Bus 218
Tägl. außer Mo 9–13 Uhr
Eintritt € 3/1,50
An der Via Appia ließ Maxentius, unrechtmäßiger römischer Herrscher im frühen 4. Jh., seinen Circus anlegen. Mit 10 000 Sitzplätzen sicherlich nicht die größte Pferderennbahn der Antike, aber die am besten erhaltene. Gut zu erkennen ist neben den Startboxen und Rängen auch die Mittelachse *(spina)*, um die herum die Rennen gefahren wurden. Auf der *spina* erhoben sich die Rundenzähler und Wendemarken, aber auch der ägyptische Obelisk, der seit dem 17. Jh. als Bekrönung von Berninis Vier-Ströme-Brunnen auf der Piazza Navona dient.

– Catacombe di S. Sebastiano
Vgl. Catacombe S. 35 f.

– Catacombe di S. Callisto
Vgl. Catacombe S. 35.

Villa Adriana ➡ bC7/8
Largo Marguerite Yourcenar
Tivoli
✆ 06 39 96 79 00
www.pierreci.it
Tägl. 9 Uhr bis 1 Std. vor Sonnenuntergang, 1. Jan. und 25. Dez. geschl.
Eintritt € 6,50/3,25, bei Ausstellungen Zuschlag € 3,50
In der ersten Hälfte des 2. Jh. n. Chr. ließ Kaiser Hadrian zu Füßen der antiken Stadt Tibur auf einer Fläche von mehr als 80 ha seine Residenzstadt errichten, die zeitweise bis zu 20 000 Menschen Platz bot. Als künstliche Insel angelegt, war das Teatro Marittimo die kaiserliche Rückzugsstätte. Das große Wasserbecken des Canopustals war von Skulpturen umstanden, die bei den Ausgrabungen im Becken wieder ans Tageslicht kamen und sich heute in unterschiedlichen archäologischen Museen befinden. Obwohl

Architektur und andere Sehenswürdigkeiten

Auf antiken Spuren über die Via Appia Antica

nach fast 1900 Jahren die Wände ihrer kostbaren Verkleidungen aus Marmor, Porphyr und anderen edlen Materialien größtenteils beraubt sind, die Skulpturen und Mosaiken die Museen füllen, lässt der Besuch der Ausgrabung dennoch den einstigen Glanz der Anlage erahnen.

Villa d'Este ➡ bC8
Piazza Trento 5, Tivoli
℃ 07 74 31 20 70
www.villadestetivoli.info
Tägl. außer Mo 8.30 Uhr bis 1 Std. vor Sonnenuntergang
Eintritt € 10/6,75, bei Ausstellungen Zuschläge

Kardinal Ippolito II. d'Este ließ ab Mitte des 16. Jh. unterhalb seiner Villa einen großartigen Garten mit zahlreichen Wasserspielen anlegen. Der Architekt Ligorio verwendete dabei zahlreiche archäologische Zitate, wie dies bei der *Rometta*, Rom als Ruinenstätte, besonders deutlich wird. Mit ihrer Gartengestaltung wurde die Villa d'Este zum Vorbild zahlreicher Villen in ganz Europa. Als herausragendes Beispiel der Renaissancekultur wurde sie 2001 in die Liste des UNESCO-Weltkulturerbes aufgenommen.

Villa Farnesina ➡ G5
Via della Lungara 230
Bus 23, 125, 280
℃ 06 68 02 72 68
www.villafarnesina.it
Tägl. außer an So/Fei 9–13 Uhr
Eintritt € 5/3

Zu Beginn des 16. Jh. ließ Agostino Chigi, Bankier aus Siena und einer der reichsten Männer der Zeit, auf der anderen Tiberseite sein Landhaus errichten. Architekt und Maler war sein Landsmann Peruzzi. Unglaublich, wie über die Fresken mit antiken Mythen Sternbilder und damit verbunden eine Sternenkonstellation dargestellt wird, die exakt auf die Geburtsstunde des Auftraggebers verweist.

Von Raffael stammt das Fresko der »Nymphe Galatea« in der gleichnamigen Loggia. Auf Raffaels Vorlagen gehen die Fresken in der Loggia der Psyche zurück. Der heutige Name Villa Farnesina entstand, als die Anlage in der zweiten Hälfte des 16. Jh. von der Familie Farnese gekauft wurde. ■

Erleben & Genießen

Übernachten: Hotels

Die Hauptstadt Italiens ist ein Beherbergungsparadies. Es gibt sämtliche Kategorien vom einfachen über das komfortable bis zum luxuriösen Wohnen. Aber nicht alle Sterne garantieren die damit avisierte Qualität. Die an der Rezeption und im Zimmer angeschlagenen Übernachtungspreise sind Nettopreise, draufgeschlagen werden 19 Prozent Mehrwertsteuer, Frühstück, Klimaanlagenzuschuss und mitunter noch anderes. Das Preissystem ist nicht transparent, deshalb sollte man immer verhandeln und nach Sonderangeboten *(offerti speciali)* fragen. Teilweise finden sie sich auch im Internet.

Zu beachten ist zudem, dass die Preisunterschiede zwischen Haupt- und Nebensaison zum Teil erheblich sind. In der Hochsaison liegen sie selbst für einfache Unterkünfte, die im Winter für unter 50 Euro zu buchen sind, oft um 100 Euro, hauptsächlich im Centro Storico. Reservieren Sie rechtzeitig, und lassen Sie sich die Reservierung per Fax bestätigen.

Die folgenden Preiskategorien gelten für ein Doppelzimmer pro Nacht:

€   – unter 100 Euro
€€   – 100 bis 150 Euro
€€€ – über 150 Euro

Art Hotel ➡ C7
Via Margutta 56, 00187 Rom
℡ 06 32 87 11, Fax 06 36 00 39 95
www.hotelart.it
Kräftige Farben dominieren in der Künstlergasse mit vielen Galerien nahe der Spanischen Treppe. Roms vielleicht bestes Designhotel präsentiert sich geschmackvoll-mondän. €€€

Hotel Raphaël ➡ F6
Largo Febo 2, Piazza Navona
00186 Roma
℡ 06 68 28 31, Fax 06 687 89 93
www.raphaelhotel.com

Hotspot Piazza di Spagna – abendlicher Treffpunkt von Römern wie Touristen

Übernachten

Geschäftiges Treiben auf dem Campo de'Fiori

Eines der schönsten Hotels in Rom in einer lauschigen Gasse hinter der Piazza Navona. €€€

Alberga Santa Chiara Roma ➡ F6
Via di Santa Chiara 21, Pantheon
00186 Roma
℡ 06 687 29 79, Fax 06 687 31 44
www.albergosantachiara.com
Pantheonsnähe; die zum idyllischen Innenhof gelegenen Zimmer sind ruhig. €€–€€€

Hotel Portoghesi ➡ E6
Via dei Portoghesi 1, 00186 Roma
℡ 06 686 42 31, Fax 06 687 69 76
www.hotelportoghesiroma.com
Kleines Hotel mit Frühstücksservice auf der Dachterrasse. €€–€€€

Albergo Abruzzi ➡ F6
Piazza della Rotonda 69
00186 Roma
℡ 06 67 92 021, Fax 06 69 78 8076
www.hotelabruzzi.it
2004 renoviert genießt man nun 3-Sterne-Komfort mit wunderbarem Blick auf das Pantheon, Frühstück inkl. €€

Casa Valdese ➡ C5
Via A. Farnese 18, 00192 Rom
℡ 06 321 53 62, Fax 06 321 18 43
www.casavaldeseroma.it
Von der Dachterrasse aus hat man den besten Blick auf die Wohnräume des Papstes auf der gegenüberliegenden Platzseite. €€

Hotel Campo de'Fiori ➡ G6
Via del Biscione 6, 00186 Roma
℡ 06 68 80 68 65, Fax 06 687 60 03
www.hotelcampodefiori.com
Kleines Hotel in einer Seitengasse des Marktes mit Panoramaterrasse, Frühstück inkl. €€

Hotel Lilium ➡ D10
Via XX Settembre 58a, 00187 Rom
℡ 06 64 74 11 33, Fax 06 23 32 83 87
www.liliumhotel.com
In einem historischen Palazzo in der Nähe des Bahnhofs ist ein Stockwerk zur gepflegten Hoteletage umgewandelt worden. €€

Hotel Marcus ➡ E6
Via del Clementino 94, 00186 Rom
℡ 06 36 00 53 89. Fax 06 68 30 03 20
www.hotel-marcus.com
Nur wenige Zimmer in einem altehrwürdigen Palazzo nahe zum Tiber, zur Spanischen Treppe und zur Einkaufsstraße Via Condotti. €€

Hotel Modigliani ➡ D8
Via della Purificazione 42
00187 Rom
℡ 06 42 81 52 26, Fax 06 42 81 47 91

Erleben & Genießen

www.hotelmodigliani.com
Dem Maler würde die elegante Gestaltung des ruhig gelegenen Hauses mit kleinem Innenhof nahe der Via Veneto gefallen. €€

Hotel Santa Maria ➡ H5
Vicolo del Piede 2, 00153 Rom
✆ 06 589 46 26, Fax 06 589 48 15
www.htlsantamaria.com
Durch den Kreuzgang weht der Hauch meditativer Stille, der Garten ist hübsch. Das Dreisternehotel befindet sich in Trastevere in einem früheren Kloster. €€

Hotel Scalinata di Spagna ➡ C7
Piazza Trinità dei Monti 17
00187 Roma
✆ 06 69 94 08 96, Fax 06 69 94 05 98
www.hotelscalinata.com
Oberhalb der Spanischen Treppe, mit Frühstück auf der Dachterrasse und Blick über Rom. €€

Hotel Teatro di Pompeo ➡ G6
Largo Pallaro 8, 00186 Rom
✆ 06 68 30 01 70, Fax 06 68 80 55 31
www.hotelteatrodipompeo.it
Exklusive Lage, aber bezahlbar. Logieren über dem antiken Teatro Pompo. €€

Hotel Trastevere ➡ H5
Via Luciana Manara 24a/25
00153 Rom
✆ 06 581 47 13, Fax 06 588 10 16

www.hoteltrastevere.net
Ein ganz kleines, etwas verstecktes Hotel im quirligsten aller Bezirke, aus den Fenstern schaut man auf den Markt. €€

Hotel Zara ➡ E9
Via delle Quattro Fontane 37
00184 Rom
✆ 06 48 14 18 47, Fax 06 48 36 20
www.hotel-zara.com
Renoviertes Hotel am Palazzo Barberini und nahe dem Trevi-Brunnen. €€

Albergo del Sole al Biscione ➡ G6
Via del Biscione 76, 00186 Roma
✆ 06 68 80 68 73, Fax 066 89 37 87
www.solealbiscione.it
In der Nähe von Campo de'Fiori und Piazza Navona hat sich diese Familienpension ihre freundlich-fröhliche Atmosphäre erhalten. €

Casa S. Francesca Romana a Ponte Rotto ➡ H7
Via dei Vascellari 61
✆ 065 81 21 25, www.sfromana.it
Ehemalige Klosteranlage mit Kreuzgang. Schlichte Zimmer, einige davon auf den Kreuzgang hinaus. Vom 3. Stock schöner Blick über das römische Häusermeer. €

Hotel Arenula ➡ G6
Via Santa Maria dei Calderari 47
00186 Roma

Der Ponte Rotto (»zerstörte Brücke«) aus dem Jahre 174 v. Chr. südlich der Tiberinsel

Übernachten

Wo die Wäsche über den Gassen hängt: der fast dörfliche Charme im Stadtteil Trastevere

✆ 06 687 94 54, Fax 06 689 61 88
www.hotelarenula.com
In einer Seitenstraße der Via Arenula. Von hier aus hat man es nicht weit nach Travestere. €

Hotel Azurra ➡ E8
Via del Boccaccio 25, 00187 Rom
✆ 06 474 65 31, Fax 06 488 27 28
www.hotelazzurra.com
Einfach und günstig und vor der Tür die Fontana di Trevi. €

Locanda Carmel J5
Via Gottfredo Mameli 11
00151 Rom
✆ 06 580 99 21, Fax 06 581 88 53
www.hotelcarmel.it
Abgewetzte Möbel, wenig Komfort. Aber der Dachgarten mit Blick auf die Dächer von Trastevere macht das gut. €

Suore dell'Immacolata Concezione ➡ D8
Via Sistina 113
00187 Rom
✆ 06 474 53 24
Im Kloster der Schwestern der Unbefleckten Empfängnis geht es karg, aber freundlich zu. Und das keine drei Minuten von der Spanischen Treppe entfernt. €

Wenn Sie längere Zeit in Rom sind, lohnt es sich, ein Apartment zu mieten. Neben der privaten Atmosphäre hat dies den Vorteil, dass man Frisches auf dem Markt einkaufen und selbst zubereiten kann und nicht für jede Mahlzeit auf ein Restaurant angewiesen ist: www.romerenting.com
www.lacasaroma.com
www.fewo-direkt.de

Erleben & Genießen

Essen und Trinken: Restaurants, Cafés

Das Essen nimmt bei den Römern wie bei allen Italienern eine wichtige Rolle ein. Das Frühstück besteht aus einem schnellen Espresso, schlicht *caffè* genannt, oder einem Cappuccino mit einem süßen Gebäck. Mittags und abends setzt man sich später zu Tisch als im Norden Europas, zum Mittagessen *(pranzo)* frühestens gegen 13 Uhr, zum Abendessen *(cena)* nicht vor 20 Uhr, meist erst gegen 21 Uhr, im Sommer auch später. Wie im übrigen Italien bestehen die Hauptmahlzeiten aus mehreren Gängen: Auf die *antipasti*, kalte oder warme Vorspeisen, folgen der erste Gang *(primo piatto)* mit Nudeln oder Reis und der zweite Gang *(secondo piatto)* mit einem Fleisch- oder Fischgericht und einer Beilage *(contorno)*, die immer extra bestellt werden muss. Den Abschluss bilden Käse *(formaggio)*, Obst *(frutta)* und/oder ein Dessert *(dolce)*.

Die traditionelle **Cucina Romana** ist eine herzhafte und gehaltvolle Armeleute-Küche. In der römischen Metropole pflegt man aber auch schon lange eine ambitionierte Küche, die traditionelle Rezepte mit erstklassigen Produkten zu raffinierten Kreationen verbindet. Und selbstverständlich haben auch die verschiedenen italienischen Regionen und Küchen der verschiedenen Einwanderer Eingang in den römischen Küchenhimmel gefunden.

Klassische römische Vorspeisen sind *suppli alla romana* (gefüllte Reisbällchen), *carciofini sott'olio* (Artischocken in Öl) und *fiori di zucca* (Zucchiniblüten). Natürlich findet man als *primi* überall Spaghetti und Pizza, aber man sollte nicht die *gnocchi alla romana* (gebackene Grießklößchen) oder die *stracciatella alla romana* (Fleischbrühe mit Eierflöckchen) versäumen. Klassiker unter den Fleischgerichten sind *saltimbocca alla romana* (Kalbsschnitzel mit Schinken und Salbei) oder *abbacchio alla romana* (Lammbraten mit Knoblauch und Sardellen) und natürlich *trippa* (Kutteln), die vor allem in den alteingesessenen Lokalen in Trastevere und Testaccio serviert werden.

Durch die Küstennähe bereichern auch viele Fischgerichte die Speisekarte. Eine Spezialität der Armeleute-Küche ist der *baccalà*, gepökelter Kabeljau (Stockfisch), der frittiert oder in der Pfanne gebraten serviert wird. Selbstverständlich gibt es auch Muscheln, wie Venusmuscheln *(vongole)* und Miesmuscheln *(cozze)*, oder Thunfisch *(tonno)*, die meist gemeinsam mit Pastagerichten serviert werden. Ansonsten findet man auf der Speisekarte vor allem Goldbrassen *(orata)*, Seezungen, Meeräschen, Barsche sowie Krabben und Garnelen.

Eine klassische Beilage *(contorno)* sind *piselli alla romana* (Erbsen mit Schinken) und *carciofi alla giu-*

Vom üppigen Obst- und Gemüsemarkt auf dem Campo de'Fiori: frisch gepflückte Zucchiniblüten und kleine zarte Artischocken

Essen und Trinken

Nächtlicher Tummelplatz: die Open-Air-Cafés auf der Piazza della Rotonda am Pantheon

dea (Artischocken auf jüdische Art – in der Pfanne gebraten). Den Abschluss eines Essens bildet oft ein Stück Käse, z. B. *pecorino* (Schafskäse).

Ein eigenes Kapitel gebührt den römischen **Weinen**. Mit rund 100 000 ha Rebfläche und einem Anteil von knapp 8 % an der italienischen Gesamtproduktion zählt das Latium zu den mittelgroßen Weinregionen des Landes. Alljährlich werden im Latium rund 1,8 Mio. Hektoliter Rebensaft abgefüllt. 90 % der produzierten Weine sind Weißweine. Die besten Weine kommen aus der unmittelbaren Umgebung von Rom, den »Castelli Romani«. Die wichtigsten Rebsorten sind der körperreiche Malvasia und der frische und klare Trebbiano. Der aus diesen Trauben erzeugte Frascati ist nicht nur ein römischer Exportschlager.

> Die angegebenen Preiskategorien beziehen sich auf ein Zwei-Gänge-Menü zum Abendessen ohne Getränk. Manchmal fällt noch das *pane e coperto* an. In jedem Fall empfiehlt es sich, zu reservieren:
>
> Untere Preislage: bis 20 Euro
> Mittlere Preislage: 20 bis 30 Euro
> Höhere Preislage: 30 bis 40 Euro
> Oberste Preislage: über 45 Euro

Restaurants (Ristoranti)

Untere Preislage:

Ai Marmi ➡ J6
Viale Trastevere 53
℅ 06 580 09 19
Mi geschl.
Künstler, Studenten, Touristen und Nachtschwärmer sind hier zu Gast. Die Pizza ist gut und günstig, der Wein auch. Und man bekommt um Mitternacht noch zu essen.

Baffetto ➡ F5
Via del Governo Vecchio 114
℅ 06 683 40 24
nur abends, So geschl.
Vor allem beim Jungvolk beliebte Pizzeria, gelegentlich muss man Schlange stehen. Aber hier herrscht gute Laune.

Erleben & Genießen

Da Franco ar Vicoletto ➡ F13
Via dei Falisci 1a
✆ 06 495 76 75, Mo geschl.
Im Viertel San Lorenzo leben Arbeiterfamilien und Studenten, sie lieben die Menüs um 25 Euro und die hausgemachte Pasta.

Da Giovanni ➡ F4
Via della Lungara 41a
✆ 06 686 15 14, So geschl.
Stamm-Osteria vieler Anwohner, Mamma kocht, der Wein wird offen ausgeschenkt, zivile Preise.

Dar Filettaro ➡ G6
Largo dei Librari 88
✆ 06 686 40 18
Nur abends, So geschl.
Ideal für den kleinen Imbiss. Spezialität des Hauses: frittierter Stockfisch *(baccalà)*.

Gino e Pietro ➡ F5
Via del Governo Vecchio 106
✆ 06 686 15 76, Do geschl.
In diesem Familienbetrieb wurde Rudi Völler, als er beim AS Rom spielte, familiäre Herzlichkeit zuteil. Die gibt es auch für andere.

Ivo a Trastevere ➡ J5
Via S. Francesco a Ripa 157–158
✆ 06 81 70 82
Nur abends, Di geschl.
Hier gibt es Pizza in allen Variationen, natürlich nur aus dem Holzofen.

L'Archetto ➡ F8
Via dell'Archetto 26
✆ 06 678 90 64
Nahe dem Trevibrunnen gelegenes Ristorante mit den verschiedensten Nudelgerichten.

Obikà ➡ E6
Via dei Prefetti/Ecke Piazza Firenze
✆ 06 683 26 30
Die erste römische Mozzarella-Bar mit täglich frischer Büffelmozzarella und Ricotta, aber auch Wurst und Schinken aus der Toskana.

Priscilla ➡ bE5
Via Appia Antica 68
✆ 06 513 63 79, So geschl.
Hausmannskost mit üppigen Portionen und mäßigen Preisen längs der »Königin der Straßen«.

Mittlere Preislage:

Antica Hostaria L'Archeologia ➡ bE5
Via Appia Antica 139
✆ 06 788 04 94, Di geschl.
www.larcheologia.it
Eines der angenehmsten römischen Gartenlokale, mit murmelnden Brunnen und vielen Blumen, bekannt für gutgemachte Pasta.

Da Armando al Pantheon ➡ F6
Salita de' Crescenzi 31
✆ 06 68 80 30 34

Gut zu wissen

Der Verzehr von Speisen und Getränken in einer Bar oder einem Café kostet in der Regel an der Theke *(al banco)* weniger als am Tisch *(al tavolo)*, an dem man bedient wird. Im Restaurant ist es üblich zu warten, bis man vom Kellner einen Tisch zugewiesen bekommt. Es ist nicht üblich, nur einen Salat oder Antipasto zu essen oder nach dem Essen noch eine Flasche Wein zu bestellen und noch stundenlang sitzen zu bleiben. Die Rechnung wird in der Regel für den gesamten Tisch ausgestellt und von einem Gast beglichen. Anschließend wird der Betrag unter der Tischgesellschaft geteilt. In manchen Lokalen wird noch *pane e coperto* (Brot und Gedeck) erhoben. Allgemein im Preis enthalten ist der Service von 15 %. Dennoch wird bei zufriedenstellendem Service ein Trinkgeld in Höhe von 5–10 % des Rechnungsbetrages erwartet, das man auf dem Tisch zurücklässt.

Essen und Trinken

Café Farnese auf der gleichnamigen Piazza

www.armandoalpantheon.it
Sa abends und So geschl.
Rustikale und immer gut besuchte Trattoria in einer Nebenstraße nahe dem Pantheon. Nicht zu versäumen: *Spaghetti cacio e pepe* oder *bucatini all'amatriciana*.

Dal Cavalier Gino ➜ E6
Vicolo Rossini 4/Ecke Piazza del Parlamento
✆ 06 687 34 34, So geschl.
Alteingesessenes Lokal mit römischer Küche, wo man mit Parlamentariern auf Tuchfühlung gehen kann.

Da Sergio ➜ G6
Vicolo delle Grotte 27
✆ 06 686 42 93, So geschl.
Familiäre Trattoria mit marktfrischen Gerichten in einer Gasse nahe dem Campo de' Fiori.

Da Ugo ➜ E6
Via de Prefetti 9
✆ 06 687 37 52, So geschl.
Der Familienbetrieb nahe der Piazza Navona bietet bewährte Hausmannskost in vielen Variationen.

Felice ➜ südl. J7
Via Mastro Giorgio 29
✆ 06 574 68 00
www.feliceatestaccio.com
So geschl.
Kult(gast)stätte im einstigen Arbeiterviertel Testaccio mit bodenständiger Küche, die von Felices Söhnen mit Erfolg fortgeführt wird. Wer nicht Freund des Hauses ist, bekommt allerdings ohne mehrtägige Reservierung im Voraus keinen Platz.

Ginas Picknick ➜ C7
Via San Sebastianello 7a
✆ 06 678 02 51
www.ginaroma.com
Eine gute Idee: Der gehobene Imbiss an der Piazza di Spagna hält Picknickkörbe mit feinen Sandwiches, Käse, Früchten, Rotwein und Kaffee parat, um 40 Euro. Man leiht ihn aus und geht damit in den Park der Villa Borghese. Dort breitet man das dazugehörige Tischtuch aus.

Il Bocconcino ➜ H10
Via Ostilia 23
✆ 06 77 07 91 75, Mi geschl.
www.ilbocconcino.com
Eine gute Alternative zu den vielen gesichtslosen Touristenlokalen rund ums Kolosseum ist diese erst vor wenigen Jahren eröffnete Osteria mit klassischen Gerichten, Di und Fr Fisch, Do Gnocchi und Sa *trippa*.

Il Ciak ➜ H5
Vicolo del Cinque 21
✆ 06 589 47 74, Juli/Aug. geschl.
Wegen ihrer vorzüglichen Fleischgerichte berühmte kleine Trattoria in Trastevere, Reservierung empfehlenswert.

Erleben & Genießen

Il Margutta RistorArte ➡ C7
Via Margutta 118
℡ 06 32 65 05 77
Tägl. Lunch und Dinner
www.ilmargutta.it
Das vegetarische Lokal befindet sich in der Künstlerstraße Via Margutta.

La Campana ➡ E6
Vicolo della Campana 18
℡ 06 687 52 73, Mo geschl.
Hier soll es das beste Saltimbocca, ein üppiges Fleischgericht, Roms geben. Das Lokal nahe zum Palazzo Borghese ist eines der ältesten der Stadt.

Obikà ➡ E6
Via dei Prefetti 26a
℡ 06 683 26 30, So geschl.
Mondänes Laufpublikum in Roms erster Mozarella-Bar. Es gibt zahlreiche kleine Gerichte und ein ausgezeichnetes Weinangebot.

Pasqualino ➡ H10
Via dei SS. Quattro Coronati 66
℡ 06 700 45 76, So geschl.
Bei Einheimischen beliebtes Restaurant nahe zum Kolosseum. Üppige Mahlzeiten, Freiluftteil.

Pierluigi ➡ F5
Piazza de' Ricci 144
℡ 06 686 13 02, Mo geschl.
www.pierluigi.it
Ein gutes Carpaccio, in Edelsaucen getunkte Nudeln und herrliche Fischgerichte. Viele kommen wegen des berühmten Schokoladenkuchens.

Quattro Mori ➡ F2/3
Via Santa Maria alla Fornaci 8a
℡ 06 639 01 95, Mo geschl.
Die einstige Lieblingstrattoria von Kardinal Ratzinger offeriert vor allem sardische Fischgerichte. Ob Papst Benedikt XVI. noch von der Pasta träumt?

Vincenzo alla Lungaretta ➡ H6
Via della Lungaretta 170
℡ 06 580 03 45

Pizza aus dem Holzofen, handgemachte Pasta, leckere Antipasti.

Höhere Preislage:

Al Pompiere ➡ G6
Via S. Maria de' Calderari 38
℡ 06 686 83 77
www.alpompiereroma.com
Römisch-jüdische Spezialitäten im ersten Stock eines eleganten Palazzo.

Ristoranti Sabatini ➡ H5
Piazza di Santa Maria in Trastevere 13, ℡ 06 581 20 26
www.ristorantisabatini.com
Beste Fisch- und Fleischgerichte mit Logenplatz zur zentralen Piazza von Trastevere.

Sora Lella ➡ H7
Via di Ponte Quattro Capi 16
℡ 06 686 16 01
www.soralella.com, So geschl.
Gehobene Trattoria mit römischer Küche auf der Tiberinsel.

Oberste Preislage:

Agata e Romeo ➡ F11
Via Carlo Alberto 45
℡ 06 446 61 15, Sa/So geschl.
www.agataeromeo.it
Seit fast 30 Jahren führen Köchin Agata und ihr Mann und Sommelier Romeo das Restaurant mit viel Liebe zum Detail.

Checchino dal 1887 ➡ südl. J5
Via Monte Testaccio 30
℡ 06 574 38 16,
www.checchino-dal-1887.com
Di–Sa Lunch und Dinner, So/Mo geschl.
Seit fünf Generationen pflegt man hier die traditionelle Armeleute-Küche. Hier wurden Klassiker wie *coda alla vaccinara* (geschmorter Ochsenschwanz) und *abbacchio alla cacciatora* (geschmortes Milchlamm) erfunden. Doch auch Tradition hat inzwischen ihren Preis.

Essen und Trinken

Im historischen Antico Caffè Greco

La Pergola ➜ westl. A1
Im Hotel Rome Cavalieri
Via Alberto Cadlolo 101
℃ 06 35 09 21 52
www.romecavalieri.de
Nur abends, So/Mo geschl.
Die mit drei Michelin-Sternen ausgezeichnete gastronomische Topadresse gilt als bestes italienisches Hotelrestaurant, nicht nur das Essen, auch die Aussicht über die Ewige Stadt sind grandios. Hier wirkt seit 1994 der deutsche Küchenchef Heinz Beck. Es gilt ein strenger Dress-Code.

La Rosetta ➜ E6
Via della Rosetta 8
℃ 06 686 10 02, www.larosetta.com
Mo–Sa Lunch und Dinner, So geschl.
Seit 1966 existierendes Fischlokal, eines der besten in Rom, nur wenige Meter vom Pantheon.

Quinzi & Gabrieli ➜ H5
Via delle Coppelle 5
℃ 06 687 93 89
www.quinziegabrieli.it
Di–Sa Luch und Dinner, So/Mo geschl.
Aus der 1982 eröffneten kleinen Austern- und Seafoodbar entwickelte sich eine ausgezeichnete Adresse für Fisch.

Santa Lucia ➜ E6
Largo Febo 6, ℃ 06 68 80 24 27
www.santaluciaristorante.it
Edle und starverwöhnte Trattoria mit guten Fischgerichten auf einer lauschigen Piazzetta hinter der Piazza Navona.

Sapori del Lord Byron ➜ bD5
Via Giuseppe de Notaris 5
℃ 06 322 04 04
www.lordbyronhotel.com
Lunch und Dinner, So geschl.
Höchst elegantes Lokal im Hotel Lord Byron. Die Gnocchi werden in Zitronensauce serviert, die traditionellen Gerichte von Spitzenköchen modernisiert.

Cafés

⭐ **Antico Caffè Greco** ➜ D7
Via dei Condotti 86
www.anticocaffegreco.eu
Tägl. 8–20 Uhr
Historisches Künstlercafé mit museumsreifem Ambiente.

Caffè Capitolino ➜ G7
Im Palazzo Caffarelli
Piazza Caffarelli 4, Mo geschl.
Café der Kapitolinischen Museen mit Dachterrasse und Blick auf das römische Dächermeer.

Caffetteria del Vittoriano ➜ G8
Piazza del Campidoglio
Ab 17 Uhr geschl.
Café auf der Dachterrasse des Viktor-Emanuel-Denkmals mit fantastischem Blick auf die antiken Ruinen. ■

Erleben & Genießen

Nightlife: Bars und Lounges, Jazzclubs, Clubs und Diskotheken

Das römische Nachtleben ist dort am intensivsten, also auch lautstärksten, wo es auf der Straße stattfindet. Vor allem junge Leute flanieren nachts durch das Centro Storico, nehmen hier ein Bier oder da einen Wein und ziehen weiter. Man trifft Bekannte, grüßt ausgiebig, gestikuliert und diskutiert lautstark. Natürlich gibt es auch In-Clubs, doch viele sind nach einer Saison wieder out.

Das wöchentlich erscheinende Heft *Roma c'è* und die Donnerstagsbeilage *Trovaroma* der Zeitung *Repubblica* informieren. Trendy, aber nicht günstig ist die Gegend um die Piazza Navona/Campo de' Fiori, die meisten Bars gibt es immer noch in Trastevere und zum Abtanzen geht es ins Testaccio-Viertel und nach Ostiense in die Via Libetta.

Bars und Lounges

Antico Caffè della Pace ➡ F5
Via della Pace 3/7
www.caffedellapace.it
Mo geschl.
Schönes altes Jugendstilcafé für alte und neue Starlets.

Bar del Fico ➡ F5
Piazza del Fico 26
Seit Jahren beliebte Bar mit großer Auswahl an Speisen und Getränken. Ideal für den Aperitif oder den ganzen Abend.

Caffè Latino ➡ südl. J5
Via di Monte Testaccio 96
Mo geschl.
Man zahlt Eintritt, um im Trubel zu sein und Leute kennenzulernen. Das war in diesen Kellerräumen immer schon so.

Caffè della Pace ➡ E5
Via della Pace 3–7
www.caffedellapace.it
So geschl.
Mondänes Publikum, das allabendlich den großen Auftritt zelebriert.

Doney ➡ C9
Im Hotel Excelsior
Via Vittorio Veneto 141
✆ 06 470 81

Das Nachtleben von Trastevere

Nächtliches Flanieren auf der römischen Modestraße Via dei Condotti ▷

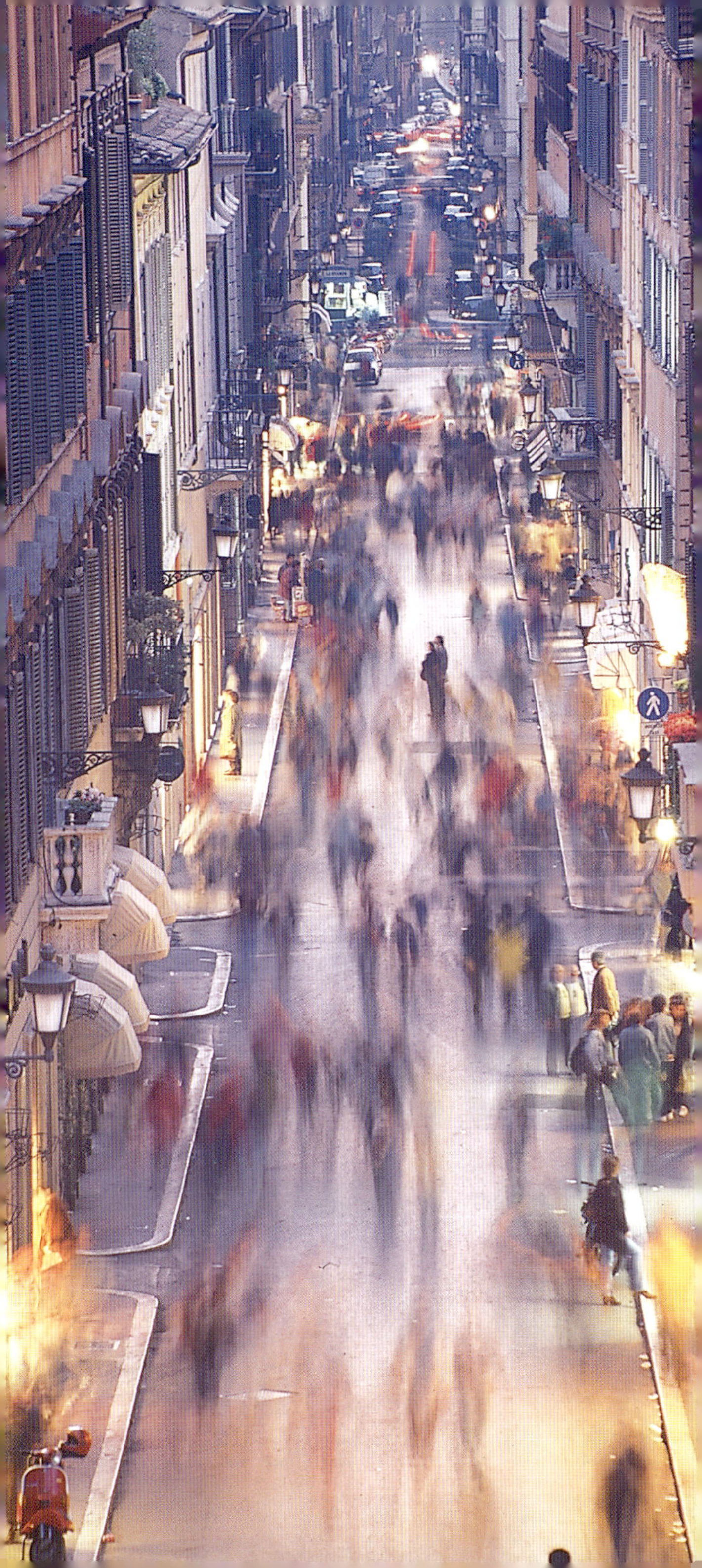

Erleben & Genießen

www.westinrome.com/en/doney
Im legendären Hotel Excelsior kann man im Doney dem Dolce Vita und der Erinnerung an Soraya und andere Prominente Gäste frönen.

Freni e Frizioni ➜ H5
Via del Politeama 4–6
℡ 06 45 49 74 99
www.freniefrizioni.com
Tägl. 11–2 Uhr
In der Bar »Bremsen und Kupplung« in Trastevere wurden einst Autos repariert, jetzt kommuniziert man hier bei Bier und Wein.

La Cabala ➜ E6
Via dei Soldati 25c
℡ 06 68 30 11 92
www.hdo.it
So–Di geschl.
Im obersten Stock der Hostaria dell'Orso liegt der legendäre Nachtclub, in dem einst der Reeder Onassis den Opernstar Maria Callas eroberte. Nach grundlegender Sanierung sind die VIPs wieder da, man braucht allerdings das nötige Kleingeld.

Ombre Rosse ➜ H5
Piazza S. Egidio 12
℡ 06 588 41 55
www.ombrerossecaffe.it
Tägl. 8–2 Uhr
Der heimliche Treffpunkt von Trastevere – ob zum Frühstück, zum kleinen Imbiss am Mittag oder am Abend zu Wein und Musik, am Freitag Livemusik.

Riccioli Café ➜ E6
Via delle Coppelle 13
℡ 06 68 21 03 13
So geschl.
www.ricciolicafe.com
Wer auch in Rom nicht auf frische Austern und Sushi verzichten möchte, ist hier an der richtigen Adresse.

Stravinskij Bar ➜ C7
Via del Babuino 9
℡ 06 32 88 81
www.hotelderussie.it
Tägl. 9–1 Uhr
Cocktailbar des Luxushotels De Russie zwischen Spanischer Treppe und Piazza del Popolo, das mit hängenden Gärten und funkelndem Interieur beeindruckt.

Jazzclubs

Alexanderplatz ➜ C3
Via Ostia 9
www.alexanderplatz.it
Tägl. ab 20 Uhr, Mo geschl.
Okt.–Juni tägl. Konzerte ab 22 Uhr
Innovatives Jazzlokal mit exotischem Namen.

Big Mama ➜ J6
Vicolo San Francesco a Ripa 18
www.bigmama.it
Tägl. ab 21, Okt.–Juni ab 22.30 Uhr (bis 1.30 Uhr).

Casa del Jazz ➜ M9
Viale di Porta Ardeatina 55
www.casajazz.it
Auch Jamsessions und Lesungen.

Four XXXX Pub ➜ L7
Via Galvani 29
Tägl. 18–2 Uhr
Im Testaccio-Viertel wird neben Jazz auch Blues geboten.

La Palma ➜ östl. D14
Via Giuseppe Mirri 35
www.lapalmaclub.it
So geschl.
Organisator des Fandango Jazzfestivals im Juni/Juli.

Clubs und Diskotheken

Akab ➜ südl. J5
Via di Monte Testaccio 69
www.akabcave.com
So/Mo geschl.
Legendäre Disco im Testaccio-Viertel auf mehreren Stockwer-

Nightlife

Straßentheater in Trastevere

ken. Die Musik reicht von House über Hip-Hop bis Revival.

L'alibi ➡ südl. J5
Via Testaccio 40/44
✆ 06 574 34 48, www.lalibi.it
Di geschl.
Die historische Gay-Disco der Stadt ist längst ein Fixstern am römischen Partyhimmel, vor allem im Sommer, wenn die Dachterrasse zur Tanzbühne wird.

Black Out ➡ östl. K/L11
Via Saturnia 18
So/Mo geschl.
Wer hier ab 22.30 Uhr nachts einrückt, ist gern gesehen, wenn er es in schwarzen Klamotten tut.

Gilda ➡ D7
Via Mario de' Fiori 97
www.gildaonthebeach.it
Location der römischen VIPs, die sich auch mal in der angrenzenden Cru-Bar zum Aperitif treffen.

Goa ➡ südl. J7
Via Libetta 13, Mo geschl.
Unbestrittene Kultdisco, die seit Jahren den Trend vorgibt. Gastauftritte berühmter DJ-Größen. Viel House und Techno.

Micca Club ➡ G13
Via Pietro Micca 7a
Do–Sa 22–2, So 19–24 Uhr
Musik aus den 1970er/80er-Jahren in einem ehemaligen Weinkeller.

Radio Londra ➡ südl. J5
Via di Monte Testaccio 20
www.radiolondradiscobar.com
Mo/Di geschl.
Nachgestalteter Luftschutzkeller, man sitzt auf Sandsäcken und die Barleute tragen Schutzhelme. Trotzdem Riesenstimmung.

Saponeria ➡ südl. J7
Via degli Argonauti 20
www.saponeriaclub.it
So–Mi geschl.
Innovative Location und Experimentierbühne für House, Hip-Hop und Techno.

Supperclub Bar Rouge ➡ F6
Via de Nari 14/15
✆ 06 68 80 72 07
So geschl.
In der Antike hockten hier die Römer in den Agrippathermen, jetzt trifft sich ein vorwiegend junges Publikum ab 1 Uhr zum Disco-Vergnügen. ■

Erleben & Genießen

Kultur und Unterhaltung: Oper, Theater, Konzerte

In der Oper und den Theatern wird allabendlich der große Auftritt inszeniert. Theatralisch muss er sein, damit die Leute hinschauen, lautstark, damit sie zuhören, und großartig, damit sie Beifall spenden. Die Römer sind ein verwöhntes Publikum, sie wollen Stars erleben und solche, die es werden könnten. Hochleistungsmusiker, die auch mal auf einer Piazza spielen; hochbegabte Schauspieler, die ihre Zuschauer faszinieren; intelligente Regisseure, die auch mal Ausgefallenes wagen, vor allem bei Uraufführungen.

Jede Spielzeit etwas Neues, Wiederholungen sind weniger beliebt. Zum römischen Kultursommer Estate Romano, der zwischen Juni und September über die mobilen Bühnen und Plätze geht, finden Konzerte, Ballettaufführungen, Opern und Kino unter freiem Himmel statt. Da sind die Römer in ihrem Element, und die Touristen freuen sich und genießen es mit.

Oper, Theater, Konzerte

Associazione Culturale Il Tempietto
℗ 06 87 13 15 90, www.tempietto.it
Der Verein organisiert Freiluftkonzerte von Klassik bis Pop vor schöner Kulisse, etwa dem antiken Marcellus-Theater oder der Casina delle Civette und dem Casino dei Principi in der Villa Torlonia.

Auditorium – Parco della Musica ➡ nördl. A6
Via Pietro De Coubertin 30
Infoline für die klassischen Konzerte der Accademia Santa Cecilia
℗ 06 80 82 058, für alle weiteren Veranstaltungen ℗ 06 80 24 12 81

Eines der ältesten Theater Roms: Teatro Argentina

www.auditorium.com
Das von Stararchitekt Renzo Piano erbaute Auditorium verfügt über drei Konzertsäle und ein Open-Air-Theater. Es ist die ständige Spielstätte des renommierten Sinfonieorchesters Accademia di Santa Cecilia.

Teatro Argentina ➡ G6
Largo Torre Argentina 52
℗ 06 684 00 01
www.teatrodiroma.net
Kartenverkauf: ℗ 06 684 00 03 11
Das Teatro Argentina existiert bereits seit 1731 und ist über Teilen der Curia des Pompejus erbaut. Hier fand 1816 die Uraufführung von Rossinis »Barbier von Sevilla« statt. Heute werden vorwiegend klassische Stücke und Komödien aufgeführt.

Teatro Belli ➡ H5
Piazza Sant' Apollonia 11a
℗ 065 89 48 75, www.teatrobelli.it
Kleines Theater mit klassischem, aber auch modernem Repertoire.

Teatro della Cometa ➡ G7
Via del Teatro di Marcello 4
℗ 066 78 43 80
www.teatrodellacometa.it
Hier werden Boulevardstücke zur Aufführung gebracht.

Kultur und Unterhaltung

Im Juli und August zieht die Oper nach draußen, oft in die Caracallathermen

Teatro dell'Opera di Roma
Via Firenze 72 (Piazza Beniamino Gigli)
℡ 06 48 16 01, www.operaroma.it
Theaterkasse/Kartenverkauf: Piazza Beniamino Gigli 1
℡ 06 481 70 03, www.amitsrl.it
Di–Sa 9–17, So 9–13.30, im Sommer Di–Sa 10–16, So 9–13.30 Uhr
Ballett- und Opernaufführungen sowie klassische Konzerte. Besonders eindrucksvoll sind die Freilichtaufführungen in den Caracallathermen im Juli/August.

Teatro dei Satiri ➡ G6
Via di Grotti Pinta 18
℡ 066 87 15 78
www.teatrodeisatiri.it
Einheimische Regisseure bringen Experimentiertheater auf die Bühne.

Teatro Sistina ➡ D8
Via Sistina 129
℡ 064 20 07 11, www.ilsistina.com
Ein Tempel für die Operette und populäre Sprechstücke, die viel Erheiterung auslösen.

Teatro Tor di Nona ➡ E5
Via degli Acquasparta 16
℡ 06 68 80 58 90
Im ältesten Theater Roms werden heute die angesagten Musicals zelebriert.

Teatro Valle ➡ F6
Via del Teatro Valle 21
℡ 06 68 80 37 94
www.teatrovalle.it
Schauspiel, Operngastspiele und Komödien.

Kinos

Azurro Scipioni ➡ C3
Via degli Scipioni 84
℡ 06 39 73 71 61
Populäres Programmkino, das sich der cineastischen Avantgarde verschrieben hat und internationale Retrospektiven – auch mit Untertiteln – organisiert.

Casa de Cinema ➡ C8
Largo Marcello Mastroianni 1, an der Villa Borghese, ℡ 06 42 36 01
www.casadelcinema.it
Täglich wechselndes Programm, Klassiker in Originalfassung, z.B. von Fellini.

Intrastevere ➡ G5
Vicolo Moroni 31, ℡ 065 88 42 30
Programmkino in Trastevere, oft Filme in englischer Sprache, viele US-Produktionen.

Nuovo Sacher ➡ J6
Largo Ascianghi
Das Freilichtkino des Kultregisseurs Nanni Moretti ist nach der von ihm geliebten Sachertorte benannt. Italienische und internationale Filme, manchmal diskutieren Regisseure und Schauspieler.

Erleben & Genießen

Shopping: Kulinarisches, Mode und Accessoires, Bücher und Musik, Antiquitäten, Märkte

Anders als in vielen europäischen Großstädten ist Rom eine Stadt der kleinen Läden geblieben, große Kaufhäuser oder Einkaufszentren sind zumindest in der Innenstadt eine Seltenheit.

Die klassischen Einkaufsmeilen liegen rund um die Spanische Treppe. In der Via dei Condotti, Via Borgognona, Via Belsiana und Via Bocca di Leone liegen die Showrooms der italienischen Stardesigner. Viele kleine Boutiquen und Schuhgeschäfte finden sich in der Via Frattina, Via della Croce, Via del Corso. Letztere ist auch eine beliebte Einkaufsadresse der Ragazzi. **Secondhandgeschäfte** findet man in der malerischen Via del Governo Vecchio, nahe der Piazza Navona. Auf **Antiquitäten** spezialisiert ist man in der Via dei Coronari, die von der Piazza Navona zum Vatikan führt.

Außerhalb des Zentrums sind die Via Cola di Rienzo im Prati-Viertel, die Via Appia Nuova nahe S. Giovanni in Laterano und die Viale Libia im Nordwesten der Stadt eine Fundgrube für schöne, günstige italienische Mode für Damen und Herren.

Nicht versäumen sollte man einen Besuch der vielen **Stadtteilmärkte**, die fast jeden Vormittag außer sonntags, stattfinden. Zu den schönsten gehört der Markt auf dem Campo de' Fiori.

Beste Einkaufsmonate für Kleidung sind Januar/Februar und Juni/Juli, in denen anlässlich der »**Saldi**« (Schlussverkauf) auch mal ein Designerstück zu erschwinglichen Preisen feilgeboten wird.

Die **Geschäfte** haben werktags meist 9/10–13/14 und 16–20 Uhr, im Sommer auch länger, und am Samstagvormittag geöffnet. In der Innenstadt sind die Geschäfte meist durchgehend geöffnet. Viele Läden sind im Winter Montag vormittags, im Sommer Samstag nachmittags geschlossen. In den Schulferien schließen einige Geschäfte.

Kulinarisches

Ai Monasteri ➜ F6
Corso del Rinascimento 72
www.aimonasteri.it
Das Beste aus italienischen Klöstern: Honig, Marmelade, Grappa, Sambuca, Schokolade und Kosmetik.

Castroni ➜ D4
Via Cola di Rienzo 196
www.castronigroup.it
Nudeln, Käse, Olivenöl und Kaffee von bester Qualität.

Enoteca al Parlamento ➜ E6
Via dei Prefetti 15
✆ 06 687 34 46
www.enotecaalparlamento.it
Weinhandlung mit Verkostung.

Volpetti ➜ L7
Via Marmorata 47
www.fooditaly.com
Käse- und Schinkenspezialitäten sowie andere kulinarische Schmankerln.

Mode und Accessoires

Die Mode- und Markengeschäfte der großen italienischen Stardesigner wie Armani, Ferragamo, Dolce & Gabbana, Fendi u. a. drängen sich alle rund um die Via dei Condotti, Via Borgognona, Via

Shopping

Bocca di Leone und Via Frattina. Weitere interessante Boutiquen für Groß und Klein sind:

Angelo di Nepi ➡ D7
Via Frattina 2
www.angelodinepi.com
Designerboutique mit farbenfrohen und luftigen Stoffen.

Blunauta ➡ D7
Piazza di Spagna
www.blunauta.it
Modische Kleidung aus hochwertigen Naturstoffen für Endzwanziger aufwärts.

Diesel ➡ E7
Via del Corso 186
International erfolgreiche italienische Marke für Kids und Youngsters.

Pure ➡ D7
Via Frattina 111
Markenmode für Kinder.

Barillà ➡ C7
Via del Babuino 33
Modische Schuhe zu bezahlbaren Preisen.

Fausto Santini ➡ D7
Via Frattina 120
Elegantes Schuhwerk für Mann und Frau.

Loco ➡ G5
Via die Baullari 22
Flippige Schuhmode für den extravaganten Geschmack.

Bücher und Musik

Herder ➡ E7
Piazza Montecitorio 120
Deutsche Buchhandlung mit ausgezeichnet sortierter Romabteilung.

Mel Giannino Stoppani ➡ F8
Piazza SS. Apostoli
Große Kinderbuchhandlung mit viel Platz zum Schmökern.

Ricordi ➡ C7
Via del Corso 506 und Untergeschoss der Stazione Termini
Breite Auswahl an Italo-Pop, Klassik und internationalen Hits.

Antiquitäten

Mercato dell'Antiquariato di Fontanella Borghese ➡ D7
Piazza Fontanella Borghese
Mo–Sa vormittags
Alte Stiche und antiquarische Bücher.

Nardecchia ➡ F6
Piazza Navona 25
Alte Stiche, Veduten und Landkarten.

Märkte

Campo de' Fiori ➡ G5/6
Mo–Sa 8–13.30 Uhr
Zentraler Lebensmittelmarkt und einige Stände mit Küchenartikeln.

Porta Portese ➡ J6
Via Portuense
So 5–14 Uhr
Größter Flohmarkt Roms.

Erleben & Genießen

Mit Kindern in der Stadt

Mit dem Nachwuchs nach Rom, das war lange – vor allem bei kleineren Kindern – eine nicht so gute Idee. Für größere Kinder (ab 8 Jahre) kann ein Besuch der Ewigen Stadt aber attraktiv sein. Mit ein bisschen Vorbereitung und entsprechender kindgerechter Literatur kann man den Ruinen und historischen Schauplätzen duchaus Leben einhauchen und den Besuch spannend gestalten. Sonst bleibt Rom eine Stadt aus nichtssagenden Ruinen, der die Sprösslinge nichts abgewinnen können.

Immerhin haben die Stadtväter sich inzwischen auch einiges für die Jüngsten einfallen lassen. Eltern sollten aber auf jeden Fall nicht zu viele Visiten von Gedenkstätten ins Programm nehmen. So ist etwa der Besuch in den weitläufigen Vatikanischen Museen für Kinder unerträglich langweilig, auch Kirchenbesuche sind für sie nicht das Richtige.

Für Kinder interessante Schauplätze der Antike sind z. B. das **Kolosseum** (Gladiatorenspiele), der **Circus Maximus** (Wagenrennen à la Ben Hur), der **Triumphbogen des Titus** (mit Darstellung eines Triumphzuges im inneren Bogen), die **Via Appia Antica** (mit und ohne Katakomben) und **Ostia Antica** (verbunden mit einer Schifffahrt auf dem Tiber). Verlockend ist auch ein Gang durch die zweischalige **Kuppel der Peterskirche** und die dunklen Wehrgänge der **Engelsburg**.

Zum Toben und Kicken laden die zahlreichen auch innenstadtnahen Parks wie die ✿ **Villa Borghese** (mit Rikscha, Fahrradverleih, Bimmelbahn, Kinderkino und Marionettentheater), die **Villa Celimontana**, die **Villa Ada** und die **Villa Pamphilj** ein.

Bioparco ➡ bD5
Viale delle Belle Arti
www.bioparco.it
Bus 52, 53, 926, Tram 3, 19
Ende Okt.–Ende März tägl. 9.30–17, April–Okt. 9–18 Uhr
Eintritt € 8,50, Kinder bis 12 Jahre € 6,50, bis 3 Jahre frei
In dem von Hagenbeck inspirierten Zoo auf dem Gelände der **Villa**

»Moderne« Gladiatoren vor dem Kolosseum

Mit Kindern in der Stadt

Auch für Kinder: Piazza Navona, der wohl schönste Platz Roms

Borghese gibt es über 200 Tierarten, von Giraffen bis Zwergkaninchen. Auch die Wappentiere Roms, die Wölfe, sind vorhanden. Seit einiger Zeit hat das Gelände einen großen Spielplatz.

Explora il Museo dei Bambini
➡ B6
Via Flaminia 82
Metro A: Flaminio, Bus 92, 490, 495, Tram 2, 19
℡ 063 61 37 76
www.mdbr.it/inglese
Di-So 10–17 Uhr, Eintritt € 6, Kinder bis 12 Jahre €7, bis 3 Jahre frei
Führungen leider nur in Italienisch
Italiens erstes Kindermuseum lädt zu einer sinnlichen Reise durch die Stadt ein, es darf alles angefasst werden. Kinder können sich in Post und Bank, Supermarkt und Fernsehstudio in diversen Rollen ausprobieren.

Piscina delle Rose ➡ bE4/5
Viale America 20, ℡ 065 92 67 17
www.piscinadellerose.it
Mitte Juni–Mitte Sept. tägl. 9–22 Uhr, Badekappenpflicht, Eintritt € 8–16
Rom war bereits in der Antike eine Bäderstadt. Es gibt aber nur ein einziges öffentliches Freibad, im Süden der Stadt gelegen, in dem Becken fanden einst Olympia-Wettkämpfe statt.

Al Sogno ➡ F6
Piazza Navona 53
Roms schönstes Kinderspielzeuggeschäft, Attraktion sind die handgemachten, leider sehr teuren Puppen.

Time Elevator ➡ bE4/5
Piazza dei SS. Apostoli 20
Metro A: Barberini oder Spagna
Metro B: Colosseo
℡ 06 97 74 62 43
Tägl. 10.30–20.30 Uhr, Eintritt € 11, Kinder von 5–12 Jahren € 8
Auf dreidimensionalen Projektionsflächen wird den Kindern die Geschichte Roms in spannenden Bildern gezeigt. Die Zeitreise ist allerdings sehr amerikanisch inspiriert und setzt ausschließlich auf Effekte. ■

Bei den Elefanten im Bioparco

Erleben & Genießen

Erholung und Sport: Sport, Wellness

Rom ist nicht eine erste Adresse für Jogger und Walker. Es gibt zu viel Verkehr und nur zu wenige Auslaufstrecken. Auch Fahrradfahrer kommen nicht wirklich auf ihre Kosten, nur wenn sie aus der Stadt herausfahren. Problematisch ist es auch für alle, die während ihres Aufenthalts gern etwas Fitness und Bodybuilding betreiben möchten. Zwar gibt es viele Sportcenter, in denen man neben Gymnastik auch Squash und Tennis spielen kann, aber das erfordert eine Mitgliedschaft im Club, was sich für Zugereiste nicht lohnt. Da bleibt nur, innerhalb der Stadt viel per pedes unterwegs zu sein.

Sport

Joggen und Walken
Rund um die Uhr möglich in den Parks Villa Borghese und Villa Doria Pamphilj, Villa Torlonia, Villa Ada und Parco di Porta Capena bei den Caracallathermen. Archäologisch interessierte Läufer können im Parco della Caffarella, der mit der Via Appia verbunden ist, allerhand sehen. Auch im römischen Leichtathletikstadion, dem Stadio dei Marmi, kann man seine Runden drehen.

Grandioser Blick auf St. Peter

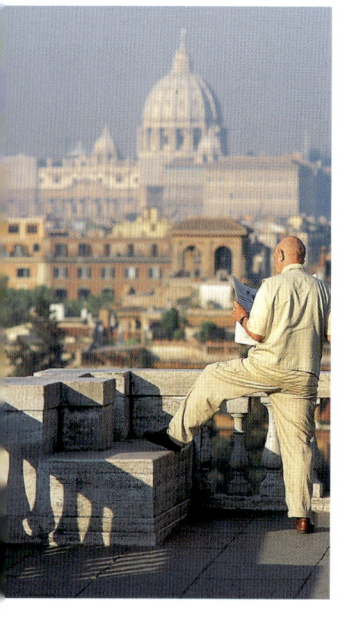

Skating
Inlineskater versammeln sich bevorzugt in der Viale dell'Oblisco, Ecke Viale delle Magnolie im Park der Villa Borghese. Dort können für € 3 pro Stunde auch Inlineskates und Rollschuhe ausgeliehen werden.

Fahrrad fahren
Es ist nicht die wahre Freude, Rom als Pedalritter erobern zu wollen. Es gibt kein ausgewiesenes Radwegenetz. Besser geht es in Teilen der verkehrsberuhigten Innenstadt und im zentrumsnahen Park der Villa Borghese. Am Wochenende wird der größte Teil der Gegend um die Via Appia für den Autoverkehr gesperrt. Dann sind sogar Einheimische auf dem Drahtesel unterwegs. Ein Mietfahrrad kostet pro Tag € 10–20. Generelle Info: www.biciroma.it.

– Bici e Baci ➜ E10
Via del Viminale 5, an der Metrostation Termini
Tägl. 9–18 Uhr
✆ 06 482 84 43, www.bicibaci.com
Auf Wunsch werden die Zweiräder sogar zum Hotel gebracht.

– Due Ruote Rent ➜ F10
Via Farini 3, Metrostation Termini
✆ 06 481 81 85

– Romarent ➜ F6
Vicolo de' Bovari 7a
Tägl. 8.30–19 Uhr
✆ 06 689 65 55

Erholung und Sport

Mit der legendären Vespa steuert es sich mühelos durch die verwinkelten Gassen Roms

Moped fahren

Touristen, die unbedingt einmal Vespa fahren wollen im Land ihrer Erfindung, sollten das nur – obwohl kein Römer das macht – mit Helm tun. Der Verkehr ist aberwitzig, Ausweichmanöver sind an der Tagesordnung. Ein Mietmoped kostet pro Tag € 30–35. Man frage nach Wochenendangeboten.

– Due Ruote Rent ➜ C9
Via Veneto 156, im Eingangsbereich zur Tiefgarage der Villa Borghese
✆ 06 322 52 40

– Romarent ➜ F6
Vicolo dei Bovari 7a, nahe Campo de 'Fiori, ✆ 06 68 95 55
– Scoot-a-long ➜ G10
Via Cavour 203, Metro: Cavour
✆ 06 678 02 06

Fußball
Stadio Olimpico ➜ bD4
Viale dei Gladiatori 2
Bus 910 ab Roma Termini, bis zur Endhaltestelle Piazza Antonio Mancini. Dort durch den Park und über die Ponte Duca D'Aosta
www.asromacalcio.it
www.sslazio.it
Il *calcio* gehört zu den großen Leidenschaften der RömerInnen. Es gibt zwei lokale Fußballmannschaften AS Rom und SS Lazio Rom. Die Spiele werden im Stadio Olimpico im Nordwesten Roms ausgetragen. Schwierig ist es allerdings, kurzfristig Karten zu ergattern.

Wellness

Die großen Luxushotels besitzen Wellness- und Fitnessbereiche, die auch für Nicht-Hotelgäste zugänglich sind. Billig sind sie allerdings nicht, die Untergrenze beginnt bei € 40.

Hotel de Russie ➜ C7
Via del Babuino 9, ✆ 06 32 88 20
www.hotelderussie.it
Fitness Room mit Personal Trainer auf Wunsch. Salzwasser Whirlpool, Finnische Sauna und Dampfbad.

Hotel Rome Cavalieri ➜ west. A1
Via Alberto Cadlolo 101
✆ 06 35 09 21 52
www.romecavalieri.de
Tennisplätze, großer Pool und Fitness Pracours im Freien. Grand Spa Club mit Fitness Room, Sauna und Türkischem Bad.

Exedra Palace Hotel ➜ E10
Piazza della Repblica 47
✆ 800 25 38 78
www.exedrapalace.rome.com
Spa mit diversen Treatments, u.a. Farbtherapien, Massagen und Beauty-Behandlungen.

Chronik

Daten zur Stadtgeschichte

10. Jh. v. Chr.	Erste einfache Siedlungen im Bereich der Hügel Palatin und Kapitol.
753 v. Chr.	»Sieben, fünf, drei – Rom schlüpft aus dem Ei«. Der 21. April dieses Jahres gilt als der mythologische Geburtstag Roms und wird jedes Jahr großartig gefeiert. Gleichzeitig der Beginn der römischen Zeitrechnung: *ab urbe condita* – »seit Gründung der Stadt«.
509 v. Chr.	Herrschaft der etruskischen Könige. Mit deren Vertreibung beginnt die Zeit der römischen Republik.
387 v. Chr.	Nach schweren Verwüstungen durch den »Galliereinfall« beginnt der Bau der Servianischen Stadtmauer, die alle sieben klassischen Hügel umschließt.
3.–2. Jh. v. Chr.	Durch die Erfolge in den Punischen Kriegen (264–241, 218–201, 149–146) wird Rom die Herrscherin über das Mittelmeer. Sizilien, Korsika und Sardinien werden römische Kolonien.
2.–1. Jh. v. Chr.	Roms rasanter außenpolitischer Aufstieg führt innenpolitisch zu großen sozialen Spannungen. Den Versuch einer Agrarreform bezahlen die Gracchen mit ihrem Leben.
73–71 v. Chr.	Sklavenaufstand unter Spartakus.
49/44 v. Chr.	Caesar überschreitet den Rubikon und übernimmt in Rom (44 v. Chr.) die Alleinherrschaft. Auf dem Weg zu einer Senatssitzung im Pompeiustheater wird Caesar an den Iden des März 44 v. Chr. ermordet.
27 v. Chr.– 14 n. Chr.	Mit Caesars Adoptivsohn Augustus beginnt die römische Kaiserzeit. In Rom setzt ein Bauboom ein. In den »res gestae« (Tatenberichten) rühmt sich Augustus, eine Stadt aus Ziegeln in eine aus Marmor verwandelt zu haben. Rom zählt etwa eine Million Bewohner.
64 n. Chr.	Unter Kaiser Nero wird Rom von einem Großbrand verwüstet. Nero beginnt mit dem Bau seines berühmten Goldenen Hauses (Domus Aurea).

Römische Imperatoren des antiken Rom (v. o. n. u.): Caesar, Hadrian und Kaiser Konstantin der Große

Daten zur Stadtgeschichte

1.–2. Jh.	Unter Kaiser Trajan hat das Römische Reich seine größte Ausdehnung. Sein Nachfolger Hadrian lässt Pantheon und die Kaiservilla in Tivoli errichten.
3. Jh.	Das Jahrhundert der Soldatenkaiser ist geprägt von innenpolitischen Schwierigkeiten und Bedrohungen durch äußere Feinde. Ab 270 wird unter Kaiser Aurelian die 19 Kilometer lange Aurelianische Stadtmauer errichtet, die heute noch größtenteils erhalten ist.
313	Kaiser Konstantin verkündet das Toleranzedikt von Mailand und stellt damit den christlichen Glauben mit den heidnischen Kulten gleich. Es beginnt die Zeit der großen Kirchenbauten.
391	Der christliche Glaube wird Staatsreligion.
4.–5. Jh.	Mit der Verlegung der Reichshauptstadt nach Konstantinopel sinkt Roms Stern. Rom wird 410 von den Westgoten und 455 von den Vandalen geplündert. Mit der Absetzung von Romulus Augustulus, dem letzten römischen Kaiser, endet 476 das Römische Reich.
Ab 6. Jh.	Rom erlangt allmählich Bedeutung als Sitz der Päpste. Die »Pippinische Schenkung« bildet die Rechtsgrundlage für den Kirchenstaat, der bis zur Einigung Italiens 1870 Bestand haben sollte.
800	Papst Leo III. krönt Karl den Großen zum römischen Kaiser und stellt damit dem Namen nach das Römische Reich wieder her.

Michelangelos zentrales Deckenfresko der Schöpfungsgeschichte in der Cappella Sistina: Gottvater erweckt Adam zum Leben (1510)

Höhepunkt der Renaissancemalerei: Raffaels »Schule von Athen« (1509) in der Stanza della Segnatura im Vatikanspalast

Chronik

1084	Während des Investiturstreits belagert der Salierkönig Heinrich IV. Papst Gregor VII. in der Engelsburg. Zwar wird dieser vom Normannen Robert Guiscard befreit, aber es kommt zu schweren Plünderungen.
1300	Papst Bonifaz VIII. ruft das erste Heilige Jahr aus.
1309–77	Unter Papst Clemens V. beginnt das päpstliche »Exil in Avignon«. Für Rom eine Zeit von Niedergang und Verfall.
15.–16. Jh.	Der Vatikan wird neue Residenz des Papstes. 1418 endet das Große Abendländische Schisma. Unter Michelangelo entstehen die Fresken der Sixtinischen Kapelle, unter Raffael die Fresken in den Stanzen.
1506	Bramante beginnt den Neubau von St. Peter.
1527	Die Landsknechte von Karl V. verwüsten Rom im Sacco di Roma.
1545–63	Um den Herausforderungen des Protestantismus zu begegnen, tagt das Konzil von Trient (Tridentinisches Konzil).
1555	Paul IV. Carafa lässt in Rom das jüdische Ghetto einrichten.
1585–90	Während des Pontifikats von Papst Sixtus V. werden u.a. vor St. Peter, vor der Lateranbasilika und auf der Piazza del Popolo antike ägyptische Obelisken wiederaufgerichtet.
17. Jh.	Bernini und Borromini überziehen Rom im Auftrag der Gegenreform-Päpste Urban VIII., Innozenz X. und Alexander VII. mit Barockbauten.
1798–1814	Unter napoleonischer Besatzung wird der Kirchenstaat aufgehoben und die Römische Republik ausgerufen. Durch den Wiener Kongress findet der Papst erneut Anerkennung als Herrscher über den Kirchenstaat.
1849	Nach der Ausrufung der *Repubblica Romana* durch Garibaldi und Mazzini flieht Papst Pius IX. aus Rom und kehrt erst ein Jahr später dank österreichischer und französischer Unterstützung zurück.
1870/71	Garibaldi dringt am 20. September 1870 mit seinen Truppen durch die Porta Pia in Rom ein. Nach der Einigung Italiens wird Rom Hauptstadt.

Über die Prachtstraße Via della Conciliazione (Straße der Versöhnung) nähern sich Besucher des Vatikans Schritt um Schritt dem Allerheiligsten der katholischen Christenheit, der Peterskirche

Daten zur Stadtgeschichte

Papst Benedikt XVI. auf dem Petersplatz

1885	Baubeginn des Vittoriano, des Denkmals für Vittorio Emanuele II., den ersten König des geeinten Italiens.
1922	Nach dem Marsch der Faschisten auf Rom wird Benito Mussolini von Vittorio Emanuele III. mit der Regierungsbildung beauftragt.
1929	Mit den Lateranverträgen zwischen Mussolini und Papst Pius XI. wird der Kirchenstaat als souverän anerkannt. Die Kirche wird für die Gebietsverluste während der italienischen Einigung finanziell entschädigt.
1943	Bombardierung des Stadtviertels San Lorenzo durch die Alliierten. Dank der Intervention von Papst Pius XII. wird Rom »offene Stadt«.
24. März 1944	Als Vergeltung für einen Anschlag auf deutsche Soldaten in der Via Rasella werden in den Ardeatinischen Höhlen 335 Zivilisten von der deutschen Wehrmacht erschossen.
2. Juni 1946	Italien wird durch Volksentscheid zur Republik.
27. März 1957	Im Konservatorenpalast auf dem Kapitol werden die Römischen Verträge ratifiziert. (Nach anfänglich sechs Ländern in der EWG zählt die EU inzwischen 27.)
1960	In Rom werden die XVII. Olympischen Spiele eröffnet.
1962–65	Das Zweite Vatikanische Konzil, von Johannes XXIII. einberufen und von Papst Paul VI. beendet, reformiert die katholische Kirche.
1978–2005	Mit der Wahl von Papst Johannes Paul II. obliegt zum ersten Mal seit 1523 einem Nicht-Italiener die Leitung der Kirche.
19. April 2005	Mit Kardinal Ratzinger besteigt ein Deutscher den Thron Petri. Sein Papstname: Benedikt XVI.
Juli 2006	Italien wird Fußballweltmeister. Hunderttausende feiern auf dem Gelände des Circus Maximus.
Mai 2008	Der Postfaschist Gianni Alemanno wird neuer Bürgermeister von Rom. Gleichzeitig gewinnt ein Mitte-Rechts-Bündnis die Parlamentswahlen. Medientycoon Silvio Berlusconi wird – zum dritten Mal – Ministerpräsident der 62. Nachkriegsregierung.
2010	Trotz Sex- und Korruptionsskandalen bleibt die Regierung im Amt. Wegen der massiven Einflussnahme seitens Berlusconi auf Zeitungen und vor allem Fernsehen wird Italien von Freedom House als der einzige Staat Westeuropas aufgeführt, dessen Medien nur als »teilweise frei« eingestuft werden.

Service von A–Z und Sprachführer

Service von A–Z

Rom in Zahlen und Fakten	74
Anreise	75
Auskunft	76
Diplomatische Vertretungen	77
Feiertage, Feste, Veranstaltungen	77
Geld, Banken, Kreditkarten	78
Hinweise für Menschen mit Behinderungen	78
Internet	78
Klima, Reisezeit, Kleidung	78
Medizinische Versorgung	79
Notfälle, wichtige Rufnummern	79
Post, Briefmarken	80
Presse/TV	80
Rauchen	80
Sicherheit	80
Sightseeing, Touren	81
Strom	82
Telefonieren	82
Trinkgeld	82
Verkehrsmittel	82

Rom in Zahlen und Fakten

Alter: Die ersten Siedlungen im Gebiet des heutigen Roms entstanden bereits im 10. Jh. v. Chr. Das Datum der Gründung Roms wird auf 753 v. Chr. gesetzt.
Fläche: 1285 km², davon entfallen 0,44 km² auf den Vatikan
Lage: 12° 30' östlicher Länge und 41° 54' nördlicher Breite, 37 m über dem Meeresspiegel
Einwohner: 2,75 Mill.
Einwohnerdichte: 2140 Einwohner pro km²
Bevölkerungszusammensetzung: 93 % der Bevölkerung Italiener, 3 % kamen aus europäischen Ländern (hauptsächlich Rumänien, Polen), 1,28 % aus Ostasien, 1,09 % aus Amerika (hauptsächlich Argentinien)
Klima/Temperaturen: Mediterranes Klima, die wärmsten Monate sind Juli und August mit durchschnittlich 24,7 °C, der kälteste Monat ist der Januar mit 6,9 °C im Mittel.
Wirtschaft: Das BIP pro Einwohner beträgt in Rom rund 32 600 €. Damit steht Rom an 5. Stelle innerhalb der italienischen Provinzen. Stärkste Branchen: Bauwesen, Dienstleistungssektor, Medien- und Bankenwesen. Die Arbeitslosenquote liegt bei rund 8,6 %.
Tourismus: Rom ist eine Touristen-Hochburg und ganzjährig voller Besucher, deren Zahl auch weiterhin ansteigt. Die größte Gruppe der Touristen bilden Besucher aus den USA.

Service von A–Z

Blick über Palazzi und Kuppeln der »Urbs aeterna«, der Ewigen Stadt, bis zu den Colli Albani, den Albaner Bergen

Anreise

Mit dem Flugzeug

Rom verfügt über zwei Flughäfen: Der **Flughafen Leonardo da Vinci** ➜ bE2 (Fiumicino) liegt 26 km südwestlich der Stadt. Ins Zentrum gelangt man am einfachsten mit dem **Leonardo-Expresszug** bis Stazione Termini (Abfahrt halbstündlich). Auch nach Trastevere, Ostiense und Tiburtina fahren Züge, nach Tiburtina auch ein Nachtbus.

Der ehemalige Militärflughafen **Ciampino** ➜ bE6, liegt 20 km südöstlich der Stadt. Von hier aus fahren **COTRAL-Busse** zur U-Bahn an der Stazione Termini und zur Via Appia Nuova. Von beiden Flughäfen verkehren **Shuttlebusse** zum Hauptbahnhof Termini.

Für eine **Taxifahrt** muss man vom Flughafen bis nach Rom (innerhalb der Aurelianischen Stadtmauer) ab Ciampino mit € 30, ab Fiumicino mit € 40 rechnen.

Günstige Flüge bieten u. a.: **AirOne** (www.flyairone.it), **AirBerlin** (www.airberlin.com), **Condor** (www9.condor.com), **EasyJet** (www.easyjet.com), **Germanwings** (www.germanwings.com), **LTU** (www.ltu.de), **Ryanair** (www.ryanair.com).

Mit dem Auto

Die Anreise mit dem eigenen Fahrzeug führt aus Deutschland entweder durch Österreich über die (mautpflichtige) Brennerautobahn und weiter über die Autostrada del Sole (A 1) über Bologna, Florenz oder durch die Schweiz über Basel, Luzern und den Gotthardtunnel nach Mailand und weiter über die A 1. Die A 1 führt direkt zum römischen Stadtring (G.R.A.), über dessen 33 nummerierte Ausfahrten man die einzelnen Stadtbezirke erreicht (z. B. die Altstadt über Ausfahrt Nr. 8 Salaria oder Nr. 14 Tangenziale Est).

In der Schweiz und in Österreich herrscht Vignettenpflicht. Auch die italienischen Autobahnen sind gebührenpflichtig (www.autostrade.it). Mit der bargeldlosen *Viacard* (beim ADAC, in Italien an der Grenze und an Raststätten erhältlich) oder beim Bezahlen mit Kreditkarte erspart man sich die oft langen Wartezeiten an den Mautstellen.

Service von A–Z

Mit der Bahn
Direktzüge nach Rom gibt es ab Deutschland (München), Österreich (Wien) und der Schweiz (Basel). Es gibt zwei Ankunftsbahnhöfe: der zentrale Sackbahnhof **Termini** ➜ E11 und der Durchgangsbahnhof **Tiburtina** im Nordwesten der Stadt.

Einreisebestimmungen
Auch nach dem Schengener Abkommen ist für Deutsche, Österreicher und Schweizer die Mitnahme eines Reisepasses oder gültigen Personalausweises vorgeschrieben, um sich im Notfall ausweisen zu können. Kinder benötigen einen Kinderausweis oder einen Eintrag im Elternpass.

Auskunft

Fremdenverkehrsämter:

Das Staatliche Italienische Fremdenverkehrsamt **ENIT** (Ente Nazionale Italiana per il Turismo, www.enit.it) hat in Deutschland zwei Niederlassungen, in der Schweiz und in Österreich je eine.

»Verde, bianco e rosso«: die »Bandiera Italiana«, die italienische Nationalflagge, hautnah

In Deutschland
Direktion für Deutschland, Österreich und Schweiz
Barckhausstr. 10
60325 Fraunkfurt am Main
℡ (069) 23 74 34
Fax (069) 23 28 94
frankfurt@enit.it
www.enit-italia.de
– Prinzregentenstr. 22
80538 München, ℡ (089) 53 13 17
Fax (089) 53 45 27
muenchen@enit.it

In Österreich
Kärntnerring 4, 1010 Wien
℡ (01) 505 16 39, Fax (01) 505 02 48, vienna@enit.it

In der Schweiz
Uraniastr. 32, 8001 Zürich
℡ (043) 466 40 40, Fax (043) 466 40 41, zurich@enit.it

In Rom
Infos an den zahlreichen **Info-Pavillons** (P.I.T.) im Innenstadtgebiet (Castel Sant'Angelo/Piazza Pia, Via Marco Minghetti (nahe Trevibrunnen), Piazza delle Cinque Lune (nahe Piazza Navona), Via Nazionale/Ecke Via Genova, Via dell'Olmata (nahe S. Maria Maggiore), Piazza Sidney Sonnino (Trastevere) sowie am Bahnhof und an den Flughäfen
www.romaturismo.com
Tägl. 9.30–19 Uhr
Callcenter: ℡ +39 06 06 08 (auch in Deutsch, tägl. 9–19.30 Uhr), www.060608.it.

Deutsche kulturelle Einrichtungen:

Deutsche Akademie Rom Villa Massimo ➜ A14
Largo di Villa Massimo 1–2, 00161 Roma, ℡ 06 442 59 31, Fax 06 44 25 93 55, www.villamassimo.de

Goethe-Institut Rom ➜ B11
Via Savoia 15, 00198 Rom
℡ 06 84 40 05-1, Fax 06 841 16 28
www.goethe.de/ins/it/rom

Service von A–Z

Diplomatische Vertretungen

Botschaft und Konsulat von Deutschland ➡ D11
Via San Martino della Battaglia 4
00185 Rom
✆ 06 49 21 31, Fax 06 44 52 672
www.rom.diplo.de

Österreichische Botschaft ➡ A9
Via Pergolesi 3, 00198 Rom
✆ 06 844 01 41, Fax 06 854 32 86
www.austria.it

Botschaft und Konsulat der Schweiz ➡ nördl. B9
Via Barnaba Oriani 61, 00197 Rom
✆ 06 80 95 71, Fax 06 808 85 10
www.eda.admin.ch/roma

Feiertage, Feste, Veranstaltungen

Gesetzliche Feiertage:

1. Januar *(Capodanno)* – Neujahr
6. Januar *(Epifania)* – Heilige Drei Könige und *Befana* (In der Nacht vom 5. auf den 6. Januar fliegt die *Befana*, eine freundliche Hexe, auf ihrem Besen von Haus zu Haus und beschenkt die Kinder. »Böse« Kinder finden auch manch »Kohlestückchen« aus Zucker.)
Ostersonntag *(Domenica di Pasqua)*
Ostermontag *(Pasquetta)* – Klassischer Ausflugstag, an dem die Italiener mit Freunden oder Familie aufs Land fahren und picknicken oder essen gehen.
25. April *(Anniversario della Liberazione)* – Nationalfeiertag, Tag der Befreiung von der deutschen Besatzung
1. Mai *(Festa del Lavoro)* – Tag der Arbeit
2. Juni *(Festa della Repubblica)* – Jahrestag der Gründung der Republik
29. Juni *(San Pietro e San Paolo)* – Fest der Stadtpatrone und Apostelfürsten Peter und Paul
15. August *(Ferragosto/Assunzione SS. Vergine)* – Mariä Himmelfahrt
1. November *(Ognissanti)* – Allerheiligen
8. Dezember *(Immacolata Concezione)* – Mariä Empfängnis
25. Dezember und **26. Dezember** *(Natale)* – Weihnachten

Die Schulferien in Italien liegen in der Zeit von Mitte Juni bis Mitte September. Die Hauptferienzeit ist Mitte Juli bis Ende August. Einige Betriebe schließen im August.

Feste und Veranstaltungen:

Februar
Karneval – Auch in Rom wird Karneval gefeiert, doch längst nicht so kostümfreudig wie in Venedig.
März/April
Stadtmarathon – Inzwischen ein jährliches Sportevent – der **Rom-Marathon** durchs historische Zentrum am vorletzten Sonntag im März (www.maratonadiroma.it).
Settimana Santa (Ostern) – In Rom, Schaltzentrale der katholischen Kirche, ist Ostern neben Weihnachten das wichtigste Fest im Jahr.

Besonders eindrucksvoll sind die Kreuzwegsprozession am Kolosseum und die Ostermesse mit dem Ostersegen »urbi et orbi« auf dem Petersplatz. Der Ostermontag ist der klassische Ausflugstag ins Grüne.
Natale di Roma – Der 21. April, Roms Geburtstag, wird mit Paraden, Konzerten und Feuerwerk gefeiert.
Juni
Festa della Repubblica am 2. Juni – Militärparaden zwischen Kolosseum und Piazza Venezia.
Johannistag (24. Juni) Volksfest um S. Giovanni in Laterano.
San Pietro e Paolo (29. Juni) – Fest der Stadtpatrone. Papstmesse in San Pietro und Bekleidung der Petrusstatue.

Service von A–Z

Juli–September
Estate Romana – Während des römischen Kultursommers finden Jazzfestivals, Konzerte unter freiem Himmel, Freilichtkino und -theater statt. Infos und Termine unter www.estateromana.comune.roma.it.
Festa de' Noantri – Mitte Juli findet eine Woche lang das Volksfest in Trastevere mit *porchetta* (Spanferkel) und Prozession der Madonna statt.
Notte bianca – Am 2. oder 3. Samstag im September wird die lange Museumsnacht mit Konzerten, Tanz und Theater bis zum Morgengrauen begangen.
Dezember
Weihnachten – Krippenaustellungen in verschiedenen Kirchen und Messen im Vatikan.

Geld, Banken, Kreditkarten

Italien ist Euro-Land, also entfällt für die meisten Europäer der lästige Geldumtausch. Bargeld am Automaten gibt es per EC- oder Kreditkarte. Kreditkarten werden in größeren Geschäften und besseren Restaurants und Hotels akzeptiert.

Banken haben normalerweise Mo–Fr 8.30–13/13.30 und 14.30/15–16/17 Uhr geöffnet.

Bei Diebstahl oder Verlust muss die Karte umgehend **gesperrt** werden. Erkundigen Sie sich, ob Ihre Karte über die **zentrale Sperrnummer** für Deutschland **+49 116 116** (zusätzlich +49 30 40 50 40 50) gesperrt werden kann.

Ansonsten wählt man folgende Nummern:
EC, Maestro- und Bankkarten: +49 18 05 02 10 21
Mastercard: ✆ +1 636 72 27 111
Visa: ✆ +1 410 581 99 94
American Express Credit: ✆ +49 69 97 97 77 77
Diners Club: +1 303 799 15 04

Hinweise für Menschen mit Behinderungen

Die **Flughäfen Leonardo da Vinci** und **Ciampino** sind behindertengerecht ausgestattet. Am **Hauptbahnhof Termini** und am Bahnhof **Tiburtina** gibt es Hilfsanlaufstellen sowie Ein- und Aussteighilfen (Infos unter Call Center Trentalia: ✆ 199 89 20 21 und dann die 7 wählen oder ✆ 06 30 00 und dann die 7 wählen; Nationale Servicenummer ✆ 199 30 30 60; in Termini ✆ 06 48 81 726).

Rom ist ganz im Gegensatz zum Vatikan keine behindertengerechte Stadt und auch die öffentlichen Verkehrsmittel sind für Rollstuhlfahrer nur sehr eingeschränkt nutzbar. Nur die wenigsten Metrostationen sind behindertengerecht ausgebaut. Infos unter der Servicenummer ✆ 06 57 003 sowie im Internet unter www.atac.roma.it.

Infos zu behindertengerechten Einrichtungen und Veranstaltungen in und um Rom gibt es leider nur in italienischer Sprache unter www.handyturismo.it.

Internet

www.romaturismo.com (Informationen der Touristeninformation APT zur Stadt)
www.comune.roma.it (Internetseite der Stadt zum kulturellen Leben)
www.vatican.va (der Vatikan im Internet)
www.pilgerzentrum.de (Infos für Rompilger)
www.atac.roma.it (Fahrplanauskunft der öffentlichen Verkehrsmittel)

Klima, Reisezeit, Kleidung

Die besten Reisezeiten für die Erkundung von Rom sind Frühjahr, Frühsommer und Herbst. Die Tem-

Service von A–Z

Picknick im Park der Villa Borghese

peraturen sind angenehm warm und locken tagsüber zu ausgedehnten Sightseeing-Touren und Spaziergängen, während die Nächte besonders im Herbst lau genug sind, um unter freien Himmel zu speisen. Nicht zu empfehlen, sind die Sommermonate. Zum einen sind die Temperaturen tagsüber kaum erträglich, zum anderen sind die meisten Römer im Urlaub, viele Geschäfte und Restaurants geschlossen. Wer ein weitgehend touristenfreies Rom erleben möchte, sollte möglichst im Februar kommen, der auch schon mal mit frühlingshaften Temperaturen und sonnigen Tagen überraschen kann.

Auch wenn sich der Bekleidungsstil allgemein gelockert hat, legen die Römer und Römerinnen darauf Wert, den Situationen entsprechend angemessen gekleidet zu sein. So ist es auch bei hohen Temperaturen nicht üblich, in der Stadt Badesandalen, Bermudas oder Trägershirts zu tragen.

Strenge Kleidervorschriften herrschen in kirchlichen Räumen: Bei unbedeckten Schultern oder zu knappen Hosen oder Röcken kann einem der Eintritt, vor allem in die Peterskirche, verwehrt werden.

Medizinische Versorgung

Die neue **Europäische Krankenversicherungskarte** (EHIC) ist in die übliche Versicherungskarte integriert. Einen Arztbesuch muss man jedoch meist selber bezahlen und lässt sich das Geld von der Krankenversicherung rückerstatten. Lassen Sie sich eine spezifizierte Rechnung geben! Es empfiehlt sich, zusätzlich eine private Reise- oder Auslandskrankenversicherung abzuschließen.

In Rom schwierig erhältliche Medikamente bekommt man meist in der vatikanischen Apotheke an der Porta Sant'Anna.

Notfälle, wichtige Rufnummern

Allgemeiner Notruf/Carabinieri: ✆ 112
Polizei *(polizia)*: ✆ 113
Feuerwehr *(vigili del fuoco)*: ✆ 115
Rettungsdienst *(pronto soccorso)*: ✆ 118
ACI (Pannendienst des italienischen Automobilclubs): ✆ 80 31 16 oder ✆ 06 49 981
ADAC-Notruf in Italien: ✆ 03 92 10 41

Service von A–Z

Telefonauskunft Inland: ✆ 12 40, 12 54
Auslandsauskunft: ✆ 41 76
Fundbüros:
– Stadt: Circonvallazione Ostiense 191, ✆ 06 67 69 32 14, Mo–Fr 8.30–13, Do bis 17 Uhr
– Metro Linie A: Piazza dei Cinquecento/Via Cavour, ✆ 06 487 43 09 (derzeit wg. Bauarbeiten geschl. Fundsachen der Linie A werden zur nachfolgenden Adresse gebracht)
– Metro Linie B: Piazzale

Post, Briefmarken

Postämter haben in der Regel wochentags 8.20–13.20 Uhr, die Hauptpostämter durchgehend bis 18.30 Uhr geöffnet. Samstags schließen die Postämter um 13.20 Uhr.

Eine Postkarte oder ein Brief bis zu 20 g kostet ins europäische Ausland € 0,65. Briefmarken *(francobolli)* bekommt man auch in den Tabacchi-Läden.

Presse/TV

An den Zeitungskiosken sind deutsche Tages- und Wochenzeitungen meist am Tag des Erscheinens oder einen Tag später erhältlich. Größere Hotels bieten meist auch deutschsprachigen Fernsehempfang.

Rauchen

»Vietato fumare!« In Italien gelten strenge Anti-Rauch-Gesetze. Das Rauchen in allen der Öffentlichkeit zugänglichen Räumen ist verboten – u. a. in Restaurants, Kneipen, Diskotheken und Büros. Ausnahmen gelten nur für abgetrennte Raucherräume mit Klimaanlage. Bei Nichteinhaltung drohen empfindliche Geldstrafen für Gast wie Inhaber.

Sicherheit

In Rom gelten die üblichen Sicherheitsregeln, die man in allen Großstädten beachten sollte: Wertsachen oder persönliche Dokumente sollte man niemals sichtbar im Auto lassen und auch nicht im Brustbeutel oder in der Handtasche mit sich herumtragen.

Besondere Aufmerksamkeit ist in den oft überfüllten öffentlichen Verkehrsmitteln gefragt, insbesondere in der Metro sowie in den von Touristen stark genutzten Bussen (z. B. Linien 40, 60, 64 und 492). Unbedingt hüten sollte man sich vor bettelnden Kinderbanden.

Bei Problemen mit der Unterkunft oder verloren gegangenen Dokumenten kann man sich an das Servicetelefon der Stadt Rom wenden (Di–Do 9–13 und Di/Mi auch 14–16.30 Uhr, Via dei Cerchi

Die Schweizergarde, Leibgarde zum Schutz des Papstes

6, ℡ 06 67 10 62 93; englisch- und französischsprachiges Personal).

Bei Diebstahl wendet man sich am besten an die **Questura Centrale:** Ufficio Stranieri, Via Genova 2, ℡ 06 46 86. Dort ist auch meist ein englisch- oder deutschsprachiger Dolmetscher anwesend.

Besucher von St. Peter, den Vatikanischen und Kapitolinischen Museen müssen vor dem Einlass eine Sicherheitsschleuse passieren. Diese Sicherheitsmaßnahmen wurden u. a. auch auf das Kolosseum und die Engelsburg ausgeweitet.

Sightseeing, Touren

Seit einigen Jahren gibt es zahlreiche interessante und gut kommentierte Busfahrten, die mit deutschen Audioguides ausgestattet sind.

Abfahrtsort dieser sog. **Trambus-Open-Linien** (z. T. offene Doppeldeckerbusse) ist der Busbahnhof Termini/Piazza dei Cinquecento vor dem Hauptbahnhof ➜ E11.

Es gibt drei Linien:
– **Linie 110:** Der rote offene Doppeldeckerbus fährt bedeutende Sehenswürdigkeiten des historischen Zentrums an, z. B. Kolosseum, Piazza Navona, Petersplatz und Trevibrunnen. Mit dem Tagesticket (€ 20/15) kann man beliebig oft ein- und aussteigen. Abfahrtszeiten: tägl. 8.30–20.30 Uhr, in Stoßzeiten alle 10 Min.
– **Archeobus:** Der grüne offene Bus fährt die archäologischen Sehenswürdigkeiten an, z. B. Circus Maximus, Caracallathermen, Via Appia Antica bis hin zur Villa dei Quintili. Mit dem Tagesticket (€ 15/10) kann man beliebig oft ein- und aussteigen. Abfahrtszeiten: tägl. 9–16.30 Uhr.

Bei beiden Linien sind Kombitickets möglich, u. a. auch mit Museen.

– **Roma Cristiana:** Der gelbe offene Doppeldeckerbus fährt zu bedeutenden Kirchen und wichtigen Sehenswürdigkeiten der Stadt (San Pietro, Palazzo della Cancelleria, Pantheon, Piazza Venezia, Santa Maria degli Angeli, Termini, Santa Maria Maggiore, San Giovanni, Colosseo, Circo Massimo, Tiberinsel, Palazzo Farnese). Mit dem Tagesticket (€ 17 für 24 Std., € 12 für eine einmalige Fahrt) kann man auch hier beliebig ein- und aussteigen. Abfahrtszeiten: tägl. 9–19 Uhr, alle 20 Min. (www.josp.com).

Wer eher Stadtrundgänge zu Fuß schätzt, dem seien folgende Anbieter empfohlen:

RomaCulta bietet halb- und ganztägige Stadtführungen in deutscher Sprache an, auch für Kinder. Infos: www.romaculta.it, mobil ℡ 33 87 60 74 70 oder Fax 06 233 28 53 32.

Eine ganz andere Art, Rom kennenzulernen, bietet das engagierte Team von **Sight jogging**. Am frühen Morgen, meist gegen 6 Uhr, startet es zu einer Joggingrunde durch die gerade erwachende Stadt. Die Runden sind zwischen 8,5 und 10,5 km lang und dauern zwischen 45 und 60 Min. Sie finden das ganze Jahr statt. Die Touren kosten pro Person € 70, für 4 Personen € 140. Infos unter www.sightjogging.it oder mobil unter ℡ 34 73 35 31 85 oder 34 97 58 85 69.

Roms düsterste Seiten zeigt Ihnen das Team von **Angels and Demons**, das Sie nach der Vorlage des Buches »Illuminati« von Dan Brown zu den Schauplätzen des Geschehens führt (Di, Fr–So ab 9.30 Uhr in englischer Sprache, € 56 pro Person für 4 Std., Treffpunkt: Piazza del Popolo). Infos: www.angelsanddemons.it.

Eine Alternative zu den oft überfüllten Straßen bietet eine kommentierte **Bootsfahrt** auf dem Tiber. Stündlich ab 10 und bis 18.30

Service von A–Z

Uhr täglich fahren Boote vom Ponte Sant'Angelo durch den Ponte Risorgimento zur Tiberinsel und zurück (ca. 1 Std., € 15). Auskunft unter: www.battellidiroma.it.

Strom

In Rom beträgt die Spannung wie im übrigen Italien 220 Volt (Flachstecker). Die Mitnahme eines Adapters ist zu empfehlen.

Telefonieren

Vorwahlnummern:
Von Italien nach Deutschland + 49, nach Österreich + 43, in die Schweiz + 41.
Landesvorwahl Italien: + 39, Ortsnetzkennzahl Rom: 06
Wenn Sie von Deutschland nach Italien telefonieren möchten, wählen Sie als Vorwahl +39, dann die Teilnehmernummer einschließlich der 0 von der Ortsnetzkennzahl. Die Ortsnetzkennzahl einschließlich der 0 muss auch innerhalb der gleichen Stadt immer mitgewählt werden.

Telefone sind nur mit **Telefonkarten** (*scheda telefonica*, perforierte Ecke abreißen!) zu benutzen, die in Tabakläden, Kiosken und manchen Bars verkauft werden. Eine Alternative sind die internationalen Telefonkarten *(scheda telefonica internazionale)*, mit denen man deutlich günstiger telefonieren kann. Man führt sie jedoch nicht ins Telefon ein, sondern wählt von einem beliebigen Apparat die auf der Karte vermerkte Nummer. Danach gibt man die Geheimnummer ein, die ebenfalls auf der Karte steht, und kann erst dann die Teilnehmernummer wählen.

Die Benutzung handelsüblicher GSM-**Mobiltelefone** ist in Italien unproblematisch. Um die Kosten gering zu halten, empfiehlt es sich, eine italienische Prepaid-Karte von Mobilfunkanbietern wie Tim, Vodafone oder Wind zu kaufen.

R-Gespräche können Sie von jedem öffentlichen Fernsprecher aus führen. Wählen Sie für Deutschland ✆ 800 17 24 90. Es meldet sich Deutsche Telekom.

Trinkgeld

Obwohl in den Restaurants der Service meistens im Preis enthalten ist, wird bei guter Bedienung ein zusätzliches Trinkgeld erwartet. Je nach Zufriedenheit gibt man 10–15 %. Manchmal wird bereits auf der Karte zusätzlich zum Grundpreis ein Service-Aufschlag von 10 % oder mehr ausgewiesen.

Im Hotel sollte das Zimmermädchen etwa € 5 je Woche und Person erhalten, ähnlich den Kellner. Der Gepäckträger bekommt für ein nicht allzu großes Gepäckstück € 1, in Luxusherbergen mehr.

An der Bar freut sich jeder, wenn Trinkgeld liegen gelassen wird. Taxifahrer werden nach dem Taxameter entlohnt, man rundet die Summe auf; beim Friseur gibt man üblicherweise rund 10 % Trinkgeld.

Verkehrsmittel

Rom verfügt über ein dichtes Netz an öffentlichen Verkehrsmitteln. Zwei U-Bahn-, ca. 300 Bus- und sechs Straßenbahnlinien erschließen die Stadt.

Fahrkarten
Der Fahrscheinverkauf für Metro, Bus (ATAC und COTRAL), Straßenbahn und Regionalbahnen (FR) erfolgt an Fahrkartenautomaten an den Stationen, in Tabakläden (Tabacchi), Bars und an Zeitschriftenständen mit ATAC-Aufkleber.

Metrobus-Tickets gelten für alle öffentlichen Verkehrsmittel,

Sonnenuntergang über der Basilicia di San Pietro in Vaticano

allerdings nur in einer einzigen Richtung. Ein Einzelticket (BIT), das bis zu 75 Minuten nach dem Entwerten gilt, kostet € 1 (Umsteigen erlaubt, bei der Metro nur für eine Richtung).

Für Rombesucher interessant ist das Tagesticket (BIG) für € 4 bzw. das Drei-Tages-Ticket (BTI) für € 11. Das Wochenticket (CSI) kostet € 16. Kinder bis zur Vollendung des 10. Lebensjahres fahren gratis.

Infos und Fahrplanauskunft der öffentlichen Verkehrsmittel unter www.atac.roma.it.

Bus

Es gibt vier verschiedene Arten von Buslinien.

Die blauen *linee urbane* sind die »normalen« klassischen, **orangefarbenen Stadtbuslinien**, ohne feste Abfahrtszeiten, die aber meist im 5–10-Min.-Takt verkehren.

Die **grünen Expresslinien** *(linea espressa)* befahren wichtige, stark frequentierte Strecken (etwa die Linie 40 zwischen Termini und dem Vatikan) und bedienen unterwegs nur jede zweite oder dritte Haltestelle.

Für die **dunkelroten**, »exakten« **Linien** *(linea esatta)* gibt es feste Abfahrtszeiten, die an den Haltestellen angegeben sind.

Schließlich gibt es noch die **schwarzen Nachtlinien** *(bus notturno)*.

Der **zentrale Busbahnhof** ➔ E11 liegt neben dem Hauptbahnhof Stazione Termini, wo sich auch das wichtigste ATAC-Informationsbüro befindet. Die Busse fahren in der Regel von 5.30 bis 24 Uhr, die Nachtbusse zwischen 0.30 und 5.30 Uhr im Abstand von 30 bis 60 Minuten.

Darüber hinaus wird das historische Zentrum mit seinen engen Gassen täglich außer an Sonn- und Feiertagen von drei **Elektrobuslinien** versorgt (Linie 116, 117, 119).

Für Ausflüge in die Umgebung vom Rom (z. B. Tivoli) stehen die **blauen Busse** der regionalen Verkehrsbehörde COTRAL zur Verfügung. Internet: www.cotralspa.it.

Metro

In Rom gibt es bisher nur zwei Metrolinien, die rote A-Linie und die blaue B-Linie. Die beiden Linien verkehren jeweils bis 23.30 Uhr, samstags eine Stunde länger. Nachts sind die Nachtbuslinien 55 N (Linie A) und 40 N (Linie B) im Einsatz. An den Metrolinien B1 und C wird gebaut, die Arbeiten werden allerdings noch Jahre dauern.

Tram

Rom verfügt auch über ein durchaus attraktives Straßenbahnnetz. Besonders die Linien 3 und 19 eignen sich für eine Stadtrundfahrt. ■

Mondschein über dem Forum Romanum mit dem Glockenturm von Santa Francesca Romana vor der Kulisse des Kolosseums

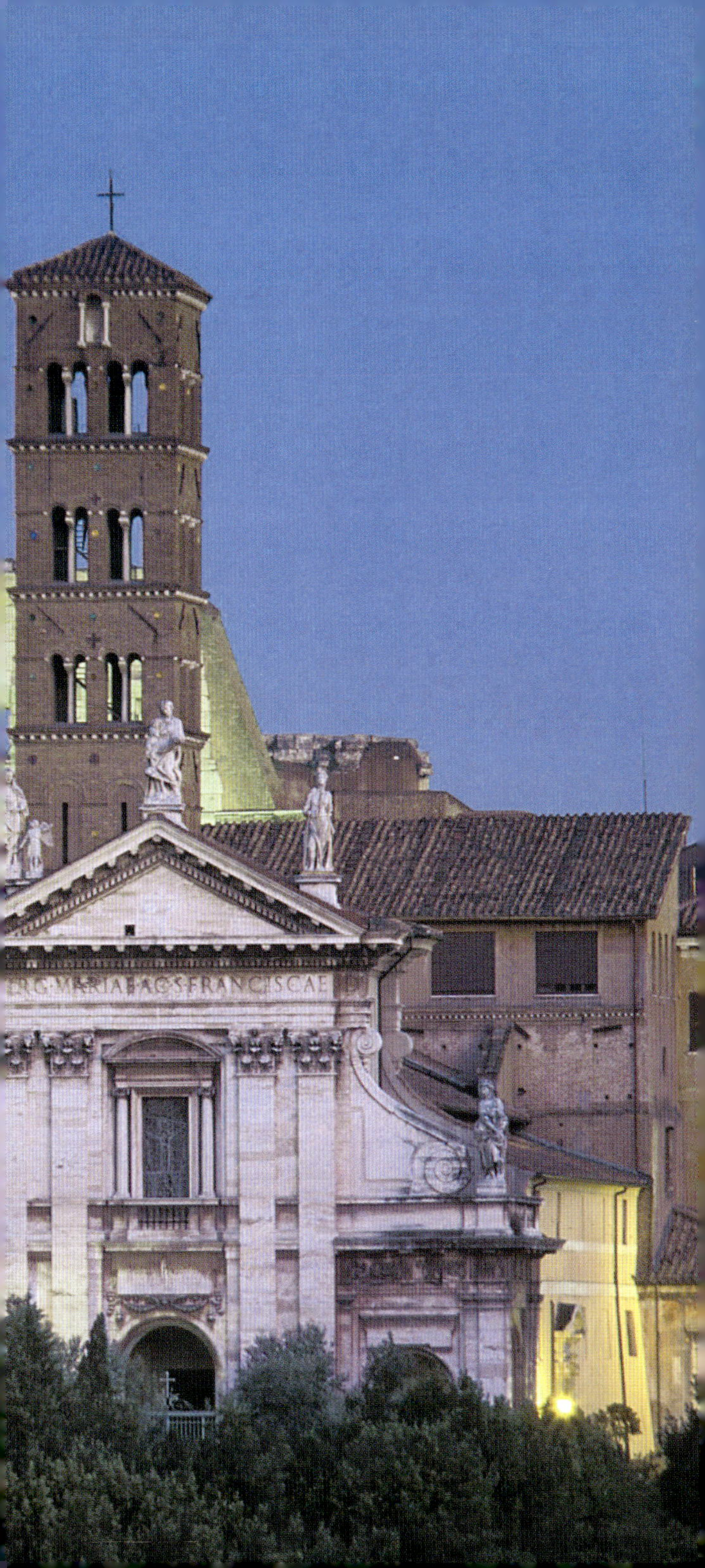
S FRANCISCAE

Service von A–Z

Sprachführer

Buon giorno! Wer kennt diese Begrüßung nicht? Sie wird in Italien bis 12 Uhr mittags verwendet, danach sagt man schon *buona sera*. Beides sind sehr höfliche Ausdrücke, sie werden überall da benutzt, wo gesiezt wird. *Ciao* ist Begrüßung ebenso wie Verabschiedung, wird aber nur verwendet, wenn man sich nahe steht.

Wenn Sie ein öffentliches Lokal oder Büro verlassen, sagen Sie besser *arrivederci* oder *buon giorno* bzw. *buona sera*. *Buona notte* sagt man dann, wenn man sich verabschiedet, um ins Bett zu gehen.

Die Italiener sind in der Regel sehr hilfsbereit, freuen sich über ausländische Besucher und fragen neugierig nach deren Herkunft und dem Grund des Besuches.

Keine Panik, wenn Sie befürchten, zwar eine Frage stellen zu können, die Antwort aber nicht verstehen – Italiener haben eine sehr ausgeprägte Körpersprache. Im Übrigen wissen Sie ja: *Si* heißt ja, *no* nein. Und vergessen Sie nicht, sich zu bedanken – *grazie!*

Alltag/Umgangsformen

Guten Tag!	*Buon giorno!*
Guten Abend!	*Buona sera!*
Gute Nacht!	*Buona notte!*
Hallo!	*Ciao!*
Wie geht es dir?	*Come stai?*
Wie geht es Ihnen?	*Come sta?*
Auf Wiedersehen!	*Arrivederci!*
Gute Reise!	*Buon viaggio!*
Tschüss!	*Ciao!*
Bis bald!	*A presto!*
Bis morgen!	*A domani!*
Schön, dich kennengelernt zu haben.	*Molto piacere di averti conosciuto.*
ja/ nein/ vielleicht	*si/ no/ forse*
Ich heiße …	*Mi chiamo …*
Wie heißt du?	*Come ti chiami?*
Wie heißen Sie?	*Come si chiama?*
Entschuldigen Sie!	*Scusi!*
Vielen Dank!	*Grazie mille!*
Bitte schön/Keine Ursache!	*Prego!*

Übrigens: In Italien gibt es zwei Ausdrücke für »bitte«: *per favore* und *prego*. Bitten Sie jemanden um eine Gefälligkeit, verwenden Sie *per favore*. Ansonsten heißt es *prego*.

Falls Sie nicht alles verstehen (zugegeben: die Italiener sprechen ganz schön schnell), können Sie sagen: *Non ho capito. Per favore, parli più lentamente.* Wenn auch das nichts hilft, bleibt noch die Möglichkeit, sich das Gesagte aufschreiben zu lassen: *Me lo scriva, per favore.*

Autofahren

Sollten Sie mit dem Auto unterwegs sein, können Sie die folgenden Vokabeln sicher gut gebrauchen, an jeder Tankstelle und im alltäglichen Straßenverkehr. Und falls Sie mal eine Werkstatt nötig haben …

Was auf Straßenschildern steht

lavori in corso	Bauarbeiten
deviazione	Umleitung
pedaggio autostradale	Autobahngebühr
strada senza uscita	Sackgasse
senso unico	Einbahnstraße
il divieto di parcheggio	Parkverbot
zona disco	Parken mit Parkscheibe
attenzione uscita veicoli	Vorsicht Ausfahrt
tornante	Kurve

Rund ums Auto

Mein Auto ist aufgebrochen worden.	*La mia macchina è stata forzata.*
Man hat mir… gestohlen	*Mi hanno rubato…*
Geben Sie mir bitte Ihren Namen und Ihre Anschrift/ Ihre Versicherung an.	*Mi dia il Suo nome e il Suo indirizzo/ il nome della Sua assicurazione, per favore.*
Ich brauche eine Kopie der Anzeige für meine Versicherung.	*Mi occorre una copia della denuncia per la mia assicurazione.*

Sprachführer

Es ist nicht meine Schuld.	Non è colpa mia.
Sie sind zu schnell gefahren.	Lei andava troppo forte.
Führerschein	la patente
Ihre Papiere, bitte.	I Suoi documenti, per favore.
Sie haben die Vorfahrt nicht beachtet.	Lei non ha rispettato la precedenza.
Sie sind zu dicht aufgefahren.	Lei non ha mantenuto la distanza di sicurezza.
Ich bin … km/h gefahren.	Andavo a … chilometri all'ora.
Autobahn	l'autostrada
Kreuzung	l'incrocio
Ampel	il semaforo
Parkplatz	il parcheggio
Parkuhr	il parchimetro
Parkscheinautomat	il distributore automatico di biglietti per il parcheggio
Kann ich hier parken?	Posso parcheggiare qui?
Sicherheitsgurt	la cintura di sicurezza
Tankstelle	il distributore
Benzin	la benzina
bleifrei	senza piombo
Diesel	il gasolio
Volltanken, bitte.	Il pieno, per favore.
Prüfen Sie bitte den Reifendruck.	Per favore, controlli la pressione delle gomme.
fahren	andare
überholen	sorpassare
wenden	voltare
rechts/links/geradeaus	a destra/a sinistra/sempre diritto
überqueren	attraversare
Bußgeld	l'ammenda
Stadtplan	la pianta della città
Sicherheit	la sicurezza
Stau	l'ingorgo

In der Werkstatt — In officina

Ich habe einen Unfall gehabt.	Ho avuto un incidente.
Ich habe eine Panne.	Ho un guasto.
Ich habe einen Platten.	Ho una gomma a terra.
Mein Wagen springt nicht an.	La macchina non parte.
Die Batterie ist leer.	La batteria è scarica.
Die Bremsen funktionieren nicht.	I freni non sono a posto.
Werkstatt	l'officina
Motoröl	l'olio del motore
Ölwechsel	il cambio dell'olio
Motor	il motore
Getriebe	il cambio
Zündkerze	la candela
Kotflügel	il parafango
Vergaser	il carburatore
Blinker	la freccia
Reifen	la ruota
Anlasser	il motorino d'avviamento
Scheibenwischer	il tergicristallo
Windschutzscheibe	il parabrezza
Scheinwerfer	il faro
Kühler	il radiatore

Einkaufen

Wie viel kostet das?	Quanto costa?
Geld	i soldi
Kasse	la cassa
ausgeben	spendere
bezahlen	pagare
Sonderangebot	l'offerta speciale
verkaufen	vendere
Schaufenster	la vetrina
Etwas weniger, bitte.	Un po' di meno, per favore.
Etwas mehr, bitte.	Un po' di più, per favore.
kleiner/größer	più piccolo/più grande
Wo bekomme ich …?	Dove posso trovare …?
Ich hätte gerne …	Vorrei …
Geben Sie mir bitte eine Packung …	Per favore, mi dia un pacco di …
Zeigen Sie mir bitte …	Per favore, mi faccia vedere …
Bitte schön! (Sie wünschen?)	Dica, prego!
Kann ich Ihnen helfen?	Posso aiutarLa?
Kann ich das anprobieren?	Lo posso provare?
Nehmen Sie Kreditkarten?	Accetta carte di credito?
Ich hätte gerne etwas Billigeres.	Vorrei qualcosa di meno caro.
zu teuer	troppo caro
Ich habe Größe …	Ho la taglia …
Haben Sie das auch in Größe …?	Ha anche la taglia …?
Das ist zu groß/klein.	È troppo grande/piccolo.
Ausverkauf	la svendita
Hemd	la camicia
Hose	i pantaloni
Mantel	il cappotto
Rock	la gonna
Kleid	il vestito
Strumpfhose	il collant
Strümpfe	le calze
Blazer	il blazer

| Jacke | la giacca |
| Halstuch | il foulard |

Colori — Farben

scuro	dunkel
chiaro	hell
blu	blau
marrone	braun
giallo	gelb
rosso	rot
verde	grün
nero	schwarz
bianco	weiß
grigio	grau

Essen und Trinken

Wo bekommt man's

Bäckerei	la panetteria
Konditorei	la pasticceria
Fleischerei	la macelleria
Geschäft	il negozio
Markt	il mercato
Lebensmittelgeschäft	il negozio di generi alimentari
Supermarkt	il supermercato

Im Restaurant — *Al ristorante*

Wo gibt es hier ein gutes Restaurant?	Scusi, c'è un buon ristorante?
Einen Tisch für ... Personen, bitte.	Un tavolo per ... persone, per favore.
Reservieren Sie uns bitte für heute abend einen Tisch für 4 Personen.	Può riservarci per stasera un tavolo per quattro persone.
Ist dieser Tisch noch frei?	È libero questo tavolo?
Wo sind bitte die Toiletten?	Mi può dire dov'è la toilette, per favore?
Hier entlang, bitte.	Per di qui, prego.
Herr Ober/Bedienung, die Speisekarte, bitte.	Cameriere, il menu, per favore.
Getränkekarte	la lista delle bevande
Weinkarte	la lista dei vini
Was können Sie mir empfehlen?	Che cosa mi consiglia?
Haben Sie vegetarische Kost?	Avete pietanze vegetariane?
Ich nehme...	Prendo ...
Als Vorspeise/Nachtisch/Hauptgericht nehme ich ...	Per antipasto/dessert/secondo prendo ...
Bitte ein Glas ...	Per favore, un bicchiere di ...
Guten Appetit!	Buon appetito!
Zum Wohl!	Alla salute!

Ich möchte eine Tasse Kaffee.	Vorrei una tazza di caffè.
Die Rechnung, bitte.	Il conto, per favore.
Wir möchten getrennt bezahlen.	Conti separati, per favore.
Alles zusammen, bitte.	Tutto un conto, per favore.
Ich möchte bitte eine Quittung.	Vorrei la ricevuta.
Hat es Ihnen geschmeckt?	È stato di Vostro gradimento?
Danke, sehr gut.	Grazie, era davvero molto buono.
Bitte nehmen Sie es zurück.	La riporti indietro, per favore.
essen	mangiare
trinken	bere
Mineralwasser ohne Kohlensäure	l'acqua minerale naturale
mit Kohlensäure	gassata
Bier	la birra
Glas	il bicchiere
Flasche	la bottiglia

Was auf der Speisekarte steht

Pesce — Fisch

frutti di mare	Meeresfrüchte
cozze	Miesmuscheln
gamberetti	Garnelen
granchio	Krabbe
calamari	Tintenfische
carpa	Karpfen
sogliola	Seezunge
salmone	Lachs
tonno	Thunfisch
trota	Forelle

Carni — Fleisch

gallina	Huhn
pollo	Hähnchen
anatra	Ente
scaloppine	kleine Schnitzel
saltimbocca	Kalbsschnitzel
tacchino	Truthahn
fagiano	Fasan
frattaglie	Innereien
polpette	Fleischklößchen
bistecca	Steak
braciola	Rumpsteak
fegato	Leber
montone	Hammel
vitello	Kalbfleisch
agnello	Lammfleisch

Pasta — Nudelgerichte

Pasta al burro	mit Butter
Pasta al pomodoro	mit Tomatensauce
Pasta al sugo	mit Fleischsauce
Pasta all'arrabbiata	mit Tomatensauce und Chili
Pasta alla carbonara	mit Ei und Bauchspeck
Pasta alla panna	mit Sahne

Sprachführer

Pasta al pesto	mit Basilikum, Pinienkernen, Käse
Pasta alla vongole	mit Venusmuscheln
penne	kurze Nudeln
tagliatelle	Bandnudeln
vermicelli	Fadennudeln

Verdura	Gemüse
gli asparagi	Spargel
gli spinaci	Spinat
le carote	Karotten
i fagioli	Bohnen
i piselli	Erbsen
le patate	Kartoffeln
l'insalata	Salat
il pomodoro	Tomate
il cetriolo	Gurke
gli zucchini	Zucchini
il cavolfiore	Blumenkohl
la cipolla	Zwiebel
le verdure crude	Rohkost

Frutta	Obst
la mela	Apfel
la pera	Birne
le fragole	Erdbeeren
i lamponi	Himbeeren
le ciliege	Kirschen
il melone	Melone
la pesca	Pfirsich
l'albicocca	Aprikose
il pompelmo	Pampelmuse
la banana	Banane
le prugne	Pflaumen
il limone	Zitrone
l'arancia	Apfelsine
l'uva	Weintrauben

Modi di cottura	Zubereitungsarten
a vapore	gedämpft
arrosto	gebraten
al forno	gebacken
fritto	fritiert
alla brace	gegrillt
al cartaccio	in der Folie gebacken
gratinato	überbacken

Un mucchio di altre cose	Was es sonst noch gibt
il latte	Milch
la panna	Sahne
il formaggio	Käse
lo yogurt	Joghurt
le uova	Eier
il burro	Butter
le spezie	Gewürze
l'aglio	Knoblauch
il sale	Salz
il pepe	Pfeffer
lo zucchero	Zucker
l'aceto	Essig
l'olio	Öl
il miele	Honig
il gelato	Speiseeis
il ghiaccio	Eis

Dal panettiere	Beim Bäcker
il pane	Brot
il pane misto di segale e frumento	Graubrot
il pane nero	Schwarzbrot
il pane bianco	Weißbrot
i biscotti	Gebäck
la torta	Torte

Kosmetik/Presse/Öffentliche Verkehrsmittel

Was Sie zur Körperpflege brauchen

Zahnbürste	*lo spazzolino da denti*
Zahnpasta	*il dentifricio*
Rasiercreme	*la crema da barba*
Rasierklingen	*le lamette*
Seife	*la saponetta*
Haartrockner	*l'asciugacapelli*
Handtuch	*l'asciugamano*
Haarwaschmittel	*lo shampoo*

All'edicola	Im Zeitschriftenladen
il giornale	Zeitung
la rivista	Zeitschrift
Vorrei un giornale tedesco.	Ich hätte gern eine deutsche Zeitung.
la carta	Papier
la carta da lettre	Briefpapier
la busta	Briefumschlag
la penna a sfera	Kugelschreiber

Mezzi di trasporto	Öffentliche Verkehrsmittel
il treno	Zug
la stazione	Bahnhof
l'autobus	Bus
l'aereo	Flugzeug
l'aeroporto	Flughafen
la nave	Schiff
il porto	Hafen
il traghetto	Fähre
Quando parte il prossimo …?	Wann fährt der nächste …?
… l'ultimo …?	… der letzte …?
un biglietto	Fahrkarte
partenza	Abfahrt
arrivo	Ankunft
uscita	Ausgang
entrata	Eingang
ritardo	Verspätung

Medizinische Versorgung	*Assistenza medica*
Beim Arzt	*Dal medico*
Arzt	*il medico*
Zahnarzt	*il dentista*
Ich habe Halsschmerzen.	*Ho mal di gola.*
Ich fühle mich nicht wohl.	*Non mi sento bene.*

Sprachführer

Mein Mann/meine Frau ist krank.	Mio marito/mia moglie sta male.
Ich habe mir den Magen verdorben.	Ho fatto un'indigestione.
Ich bin stark erkältet.	Sono molto raffreddato/a.
Ich bin im ... Monat schwanger.	Sono al ... mese di gravidanza.
Ich habe einen hohen/niedrigen Blutdruck.	Ho la pressione alta/bassa.
Hier habe ich Schmerzen.	Ho dei dolori qui.
Ich vertrage dieses Klima nicht.	Non sopporto bene questo clima.
Ich habe mich verletzt	Mi sono ferito/a.
Arm	il braccio
Knöchel	il malleolo
Herz	il cuore
Zahn	il dente
Knie	il ginocchio
Bein	la gamba
Hand	la mano
Nase	il naso
Auge	l'occhio
Ohr	l'orecchio
Haut	la pelle
Fuß	il piede
Kopf	la testa
Durchfall	la diarrea
Erbrechen	il vomito
Brechreiz	la nausea
Husten	la tosse
Kopfschmerzen	il mal di testa
Kreislaufstörungen	i disturbi circolatori
Hexenschuss	la lombaggine
Sonnenbrand	la scottatura
Schwindel	le vertigini
Salbe	la pomata
Tablette	la compressa
Schlaftabletten	il sonnifero
Tropfen	le gocce
Schmerzmittel	l'analgesico
Verbandszeug	le bende

Wo? Wie? Was? – Orientierung

Wie man nach dem Weg fragt (und die Antwort versteht)

Entschuldigung, wo ist ...?	Scusi, dov'è ...?
Wie komme ich nach ...?	Come si arriva a ...?
Wie komme ich am schnellsten zum Bahnhof?	Come si arriva nel modo più veloce alla stazione?
Geradeaus.	Sempre diritto.
Nach rechts.	A destra.
Nach links.	A sinistra.
Ist das die Straße nach ...?	È questa la strada per ...?

Welche Sehenswürdigkeiten gibt es in der Stadt

il ponte	Brücke
il castello	Schloss
l'anfiteatro	Amphitheater
la fontana	Brunnen
il monumento	Denkmal
il fiume	Fluss
la chiesa	Kirche
il museo	Museum
il municipio	Rathaus
le rovine	Ruine
la cappella	Kapelle
il parco	Park
il palazzo	Palast
Telefonieren	**Telefonare**
Wo bekomme ich eine Telefonkarte?	Dove posso comprare una carta telefonica?
Wie ist die Vorwahl von ...?	Qual è il prefisso di ...?
Es meldet sich niemand.	Non risponde nessuno.

Unterkunft — La camera

Wissen Sie, wo ich hier ein Zimmer finden kann?	Mi saprebbe dire dove posso trovare una camera?
Wie viel kostet es?	Quanto costa?
Können Sie für mich dort reservieren?	Mi può fare una prenotazione?
Ist es weit von hier?	È lontano da qui?
Wie kommt man dorthin?	Come ci si arriva?
Haben Sie ein Doppelzimmer/Einzelzimmer frei?	Avete una camera doppia/singola libera?
Kann ich das Zimmer ansehen?	Posso vedere la camera?
Können Sie ein Kinderbett aufstellen?	Si può aggiungere un lettino per bambini?
Waschbecken mit Dusche und WC	il lavandino con doccia e WC
Wir reisen morgen früh ab.	Partiamo domattina.
Machen Sie bitte die Rechnung fertig.	Prepari il conto, per favore.
Können Sie mir bitte ein Taxi rufen?	Mi chiama un taxi, per favore?
Campingplatz	il campeggio
Zelt	la tenda

Wetter — Il tempo

Wie wird das Wetter heute?	Che tempo farà oggi?

Sprachführer

Es ist/wird warm.	Fa/Farà caldo.
heiß	molto caldo
kalt/kühl	freddo/fresco
Es ist schwül/stürmisch.	C'è afa/tempesta.
Wieviel Grad haben wir?	Quanti gradi ci sono?
Gewitter	il temporale
Hitze/Regen/Sonne	il caldo/la pioggia/il sole
Wind/Wolke	il vento/la nuvola

Zahlen — I numeri

null	
eins	uno
zwei	due
drei	tre
vier	quattro
fünf	cinque
sechs	sei
sieben	sette
acht	otto
neun	nove
zehn	dieci
elf	undici
zwölf	dodici
dreizehn	tredici
vierzehn	quattordici
fünfzehn	quindici
sechzehn	sedici
siebzehn	diciassette
achtzehn	diciotto
neunzehn	diciannove
zwanzig	venti
dreißig	trenta
vierzig	quaranta
fünfzig	cinquanta
sechzig	sessanta
siebzig	settanta
achtzig	ottanta
neunzig	novanta
hundert	cento
tausend	mille
zweitausend	duemila

Zeitangaben/Kalender — L'ora/Il calendario

Wie spät ist es?	Che ore sono?
Es ist ...	Sono le ...
im Moment	adesso
heute	oggi
gestern/vorgestern	ieri/l'altro ieri
morgen/übermorgen	domani/dopodomani
vormittags/nachmittags/abends	di mattina/di pomeriggio/di sera
Tag	giorno
Woche	settimana
Monat	mese
Jahr	anno
Montag	lunedì
Dienstag	martedì
Mittwoch	mercoledì
Donnerstag	giovedì
Freitag	venerdì
Samstag	sabato
Sonntag	domenica
Januar	gennaio
Februar	febbraio
März	marzo
April	aprile
Mai	maggio
Juni	giugno
Juli	luglio
August	agosto
September	settembre
Oktober	ottobre
November	novembre
Dezember	dicembre

Register

Die **fetten** Seitenzahlen verweisen auf ausführliche Erwähnungen, *kursiv* gesetzte Begriffe bzw. Seitenzahlen beziehen sich auf den Service.

Anreise 75 f.
Antico Caffè Greco 7, 14, 57
Antoninus-Pius-Faustina-Tempel 10, 43
Ara Pacis Augustae 40
Aurelianische Stadtmauer 44, 71
Auskunft 76

Barcaccia-Brunnen 45
Bars und Lounges 58 ff.
Basilica Aemilia 10, 43
Basilica di Massenzio 43
Basilica di San Pietro in Vaticano 7, 13, 14, **20 ff.**, **34 f.**, 66, 72
Basilica Iulia 10, 43
Bioparco 66 f.
Bocca della Verità 40

Caesar-Tempel 10, 43
Cafés 57
Campo de' Fiori 7, **12**, 40, 65
Cappella Sistina 23, 31, 72
Caracallathermen vgl. Terme di Caracalla
Casa (Museo) di Goethe 28 f.
Casa di Augusto 9
Casa di Livia 9
Castel Sant'Angelo 20, **40 f.**, 66, 72
Catacombe 35
– Catacombe di S. Agnese 36
– Catacombe di S. Callisto 35
– Catacombe di S. Domitilla 36
– Catacombe di S. Priscilla 35
– Catacombe di S. Sebastiano 35 f.
Cimitero Acattolico 36
Circo di Massenzio 46
Clubs und Diskotheken 60 f.
Colle Oppio 17, 18
Colosseo 6, **18 f.**, **41**, 66
Concordiatempel 43
Crypta Balbi 33

Deutsche Akademie Rom Villa Massimo 76
Dioskurentempel 10, 43
Diplomatische Vertretungen 77
Domus Aurea 18, 70

Eintrittspreise 28
Engelsburg vgl. Castel Sant'Angelo
Erholung und Sport 68 f.
Esquilin 15, 42
Essen und Trinken 52 ff.
Explora il Museo die Bambini 67

Farnesische Gärten 9
Feiertage, Feste, Veranstaltungen 77 f.
Fontana dei Fiumi 12, 45, 46
Fontana di Trevi 6, **13 f.**, **41 f.**
Foro e Mercati di Traiano 42
Foro Romano 6, **10 f.** 16, **42 f.**
Forum Romanum vgl. Foro Romano
Fremdenverkehrsämter 76
Friedensaltar des Augustus vgl. Ara Pacis Augustae
Friedhof für alle Nicht-Katholiken vgl. Cimitero Acattolico

Galleria Borghese vgl. Museo e Galleria Borghese
Galleria Colonna (Galleria Alberto Sordi) 13
Galleria Doria Pamphilj 29
Galleria Nazionale d'Arte Moderna (GNAM) 30
Geld, Banken, Kreditkarten 78
Goethe-Institut Rom 76

Hinweise für Menschen mit Behinderungen 78
Hotels 48 ff.

Internet 78

Jazzclubs 60

Kapitol 6, **11 f.**, 30, 42, 70
Kapitolinische Museen vgl. Musei Capitolini
Katakomben vgl. Catacombe
Kinder 66 f.
Kinos 63
Klima, Reisezeit, Kleidung 78 f.
Kolosseum vgl. Colosseo
Konservatorenpalast vgl. Palazzo dei Conservatori
Konstantinsbogen 19, 43
Kurie 43

Marc-Aurel-Säule 13
Märkte 65
Maxentiusbasilika 10, 16
Medizinische Versorgung 79
Monumento Nazionale a Vittorio Emanuele II 43, 73
Musei Capitolini 6, 12, 30

Register

Musei Vaticani 7, 22 f., 30 f.
Museo della Centrale Montemartini 31
Museo e Galleria Borghese 7, 32 f.
Museo Nazionale Etrusco di Villa Giulia 33
Museo Nazionale Romano 16, 33
Museo Risorgimento 43

Nightlife 58 ff.
Notfälle, wichtige Rufnummern 79 f.

Öffnungszeiten Museen und Galerien 28
Oper, Theater, Konzerte 62 f.
Ostia Antica 23 ff., 66

Palatin 6, **9 f.**, 42, 70
Palazzo Altemps 33
Palazzo Chigi 13
Palazzo dei Conservatori 12, 73
Palazzo della Cancelleria 12
Palazzo Farnese 12
Palazzo Madama 13
Palazzo Massimo alle Terme 16, 33
Palazzo Nuovo 12
Pantheon 6, **13, 44**, 70
Peterskirche vgl. Basilica di San Pietro in Vaticano
Petersplatz 7, 20 f.
Piazza Colonna 13
Piazza del Popolo 7, 44, 72
Piazza di Spagna 44 f.
Piazza Mattei 12
Piazza Navona 6, 12, 45
Piazza San Pietro vgl. Petersplatz
Piscina delle Rose 67
Post, Briefmarken 80
Presse, TV 80

Quirinal 42

*R*auchen 80
Reiterstandbild von Marc Aurel 12
Restaurants 52 ff.
Romulustempel 10
Rundtempel der Vesta 10

S. Clemente 17
S. Ignazio 13
S. Maria in Cosmedin 40
S. Pietro in Vincoli 16 f.
S. Prassede 16
San Giovanni in Laterano 16, 20, 21, **36 f.**, 72
San Lorenzo fuori le Mura 37
San Paolo fuori le Mura 16, 20, 21, 37
Santa Croce in Gerusalemme 37 f.
Santa Maria ad Martyres vgl. Pantheon
Santa Maria del Popolo 38
Santa Maria della Vittoria 38
Santa Maria in Trastevere 38 f.
Santa Maria Maggiore 7, **16**, 20, 21, **39**
Saturntempel 11, 43
Scalinata della Trinità dei Monti vgl. Spanische Treppe
Schildkrötenbrunnen 12
Senatorenpalast 12
Septimius-Severus-Bogen 11, 43
Shopping 64 f.
Sicherheit 80 f.
Sightseeing/Touren 81 f.
Sixtinische Kapelle vgl. Cappella Sistina
Spanische Treppe 6, **14, 44 f.**, 64
Sprachführer 86 ff.
SS. Trinità dei Monti 44 f.
St. Peter vgl. Basilica di San Pietro in Vaticano
Strom 82

*T*elefonieren 82
Terme di Caracalla 45 f.
Terme di Diocleziano 34
Time Elevator 67
Titusbogen 10, 43, 66
Tivoli 25 ff.
Tomba di Cecilia Metella 46
Trajansforum und -märkte vgl. Foro e Mercati di Traiano
Trevibrunnen vgl. Fontana di Trevi
Trinkgeld 82

Umbilicus Urbis Romae 11, 43

Vatikan 20 ff., 72
Vatikanische Museen vgl. Musei Vaticani
Verkehrsmittel 82 f.
Vespasianstempel 43
Via Appia Antica 46, 66
Via dei Condotti 14, 64
Via della Conciliazione 20
Vier-Ströme-Brunnen vgl. Fontana dei Fiumi
Villa Adriana 25 f., 46 f., 71
Villa Borghese 7, 66, 67
Villa d'Este 27, 47
Villa Farnesina 47

Go Vista

CITY & INFO GUIDES
Setzen Sie auf die richtige Karte

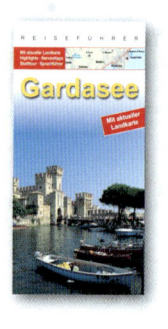

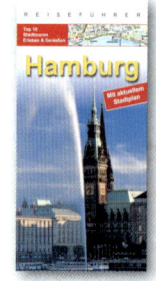

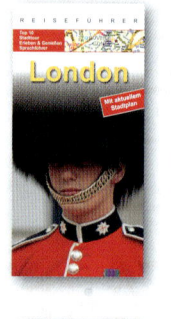

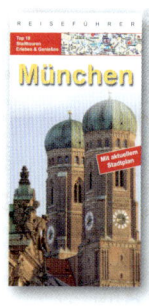

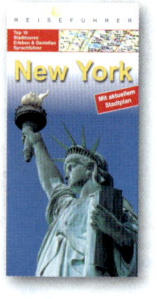

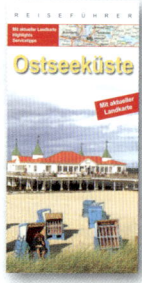

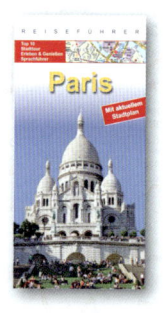

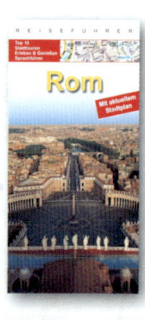

- Berlin
- Dresden
- Gardasee
- Hamburg
- Kroatien – Küste und Inseln
- Leipzig
- London
- Mallorca
- Mecklenburgische Seenplatte
- München
- New York
- Nordseeküste von Sylt, Föhr, Amrum und Helgoland
- Ostseeküste
- Paris
- Prag
- Rom

Auswahl aktueller, lieferbarer Titel

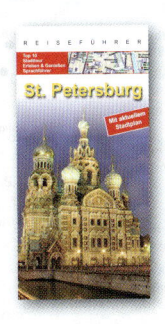

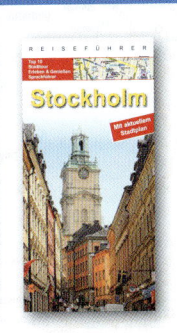

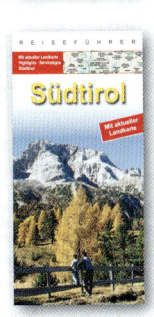

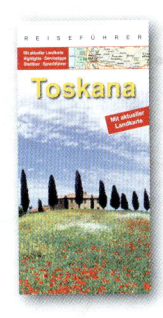

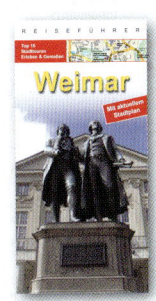

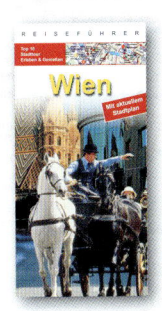

- Rügen · Usedom
- Schwarzwald
- St. Petersburg
- Stockholm
- Südtirol
- Toskana
- Weimar
- Wien

- 96 Seiten mit den Highlights der Reiseregion oder der Stadt: Orte, Landschaften, Museen, Architektur, Plätze und Parks
- Viele Serviceadressen und Tipps
- Sprachführer und Register
- Augenweide: aktuelle, erstklassige Farbfotos
- Ideales Format: so schmal, dass es in jede Tasche passt (10,5 x 21 cm)
- Der Stadtplan der City Guides mit allen Details, natürlich mit Straßenregister und einem Verkehrsnetzplan; die beschriebenen Sehenswürdigkeiten sind durch rote Sternchen markiert
- Die detaillierte Landkarte der Info Guides mit Stadtplänen und Register

Bildnachweis

Bilderberg, Hamburg/Felipe J. Alcoceba: S. 66 u.
Bilderberg, Hamburg/Ellerbrock & Schafft: S. 4/5
Bilderberg, Hamburg/Dorothea Schmid: S. 3 o. r., 80
Raffaele Celentano/laif, Köln: S. 65, 67 o., 79
Fotolia/Jean-Jacques Cordier: S. 6 o.; Depe: S. 76; Fabiomax: S. 3 o. l., 72; Florian Galler: S. 22; Mary Lane: S. 28; Giuseppe Porzani: S. 52 o.; Juergen Schonnop: S. 42; Andrea V.: S. 37
Franz Marc Frei, München: S. 2 o. l., 9 u., 47, 49, 55, 59, 61
Max Galli/laif, Köln: S. 31, 35, 36, 44, 48
Max Galli/Look, München: S. 26, 27, 58
Nikolaus Groß, Freiburg: S. 16
iStockphoto/Angi71: S. 66 o.; Claudio Arnese: S. 69; Danilo Ascione: S. 70 o.; Leslie Banks: S. 67 u.; Markus Divis: S. 50, 63; DNY59: S. 14, 75; Doctor_bass: S. 74; Michael Effler: S. 6 Mitte l.; Giorgio Fochesato: S. 2 o. r., 21; FotoVoyager: S. 9 o., 41; Andrea Getuli: S. 84/85; Hedda Gjerpen: S. 2 o. Mitte, 6 u., 11, 17, 19, 43, 45, 83; Jivko Kazakov: S. 6 Mitte r.; Ernst Laursen: S. 7; Marco Maccarini: S. 3 u.; Mosaikphotography: S. 24; Kerry Muzzey: S. 52 Mitte, 70 u.; S. Greg Panosian: S. 23, 34 u.; William Perry: Schmutztitel (S. 1), S. 29; Phooey: S. 39; Sami Suni: S. 51; Andrew Yanev: S. 52 u.
H. P. Merten, Saarburg: S. 68
Pixelio: S. 73
Andreas Schulz, Köln: S. 32
Vista Point Verlag (Archiv), Köln: S. 3 o. Mitte, 8, 30, 33, 34 o., 38 l., 38 r., 40, 46, 70 Mitte, 71 o., 71 u.
Wikipedia/Sailko: S. 62
Fulvio Zanettini/laif, Köln: S. 13, 53, 57

Schmutztitel (S. 1): Die Kapitolinische Wölfin säugt die Knaben Romulus und Remus auf der Piazza del Campidoglio
Seite 2/3 (v. l. n. r.): Forum Romanum, Kolosseum, Petersplatz, Petersdom, die »Erschaffung Adams« in der Sixtinischen Kapelle, die Päpstliche Schweizergarde, Palast des Kaisers Septimius Severus auf dem Palatin (S. 3 u.)
Seite 6/7: Auf dem Palatin (S. 6 o.), Tempel des Saturn auf dem Forum Romanum (S. 6 Mitte l.), Kolosseum (S. 6 Mitte r.), Fontana del Moro auf der Piazza Navona (S. 6 u.), Hochaltar des Petersdoms (S. 7)

Konzeption, Layout und Gestaltung dieser Publikation bilden eine Einheit, die eigens für die Buchreihe der **Go Vista City/Info Guides** entwickelt wurde. Sie unterliegt dem Schutz geistigen Eigentums und darf weder kopiert noch nachgeahmt werden.

© 2011 Vista Point Verlag, Köln
Alle Rechte vorbehalten
Verlegerische Leitung: Andreas Schulz
Reihenkonzeption: Vista Point-Team
Bildredaktion: Andrea Herfurth-Schindler
Lektorat: Kristina Linke
Layout und Herstellung: Kerstin Hülsebusch-Pfau, Birgit Stolte
Reproduktionen: Henning Rohm, Köln
Kartographie: Berndtson & Berndtson Productions GmbH, Fürstenfeldbruck, und Kartographie Huber, München
Gedruckt auf chlorfrei gebleichtem Papier

ISBN 978-3-86871-547-7

An unsere Leser!
Die Informationen dieses Buches wurden gewissenhaft recherchiert und von der Verlagsredaktion sorgfältig überprüft. Nichtsdestoweniger sind inhaltliche Fehler nicht immer zu vermeiden. Für Ihre Korrekturen und Ergänzungsvorschläge sind wir daher dankbar.

VISTA POINT VERLAG
Händelstr. 25–29 · 50674 Köln · Postfach 270572 · 50511 Köln
Telefon: 02 21/92 16 13-0 · Fax: 02 21/92 16 13-14
www.vistapoint.de · info@vistapoint.de